外資系「人気」企業26社を理解するための3つのポイント

就活生に人気が高い外資系企業の特徴を知るために、
本書で取材した26社の魅力をピックアップ。企業選びの参考にしよう。

コンサルティングファーム

アーサー・ディ・リトル

Point 1
世界最初の
コンサルティングファーム

Point 2
未来の社会に"違い"をもたらす
攻めの戦略

Point 3
ジャパンオフィスの
プレゼンスの高さ

アクセンチュア

Point 1
End to Endで
クライアントを支援

Point 2
自分らしい**キャリア**が
築ける異動制度

Point 3
入社時から**メンター**がついて
成長をサポート

EY ストラテジー・アンド・コンサルティング

Point 1
より良い**社会の構築**へ向けて
サービスを提供

Point 2
国境を超えた連携で
価値を創造する

Point 3
「**業界のコンパス**」を目指した
コンサルティング

A.T. カーニー

Point 1
グローバルに展開する
プロフェッショナル戦略ファーム

Point 2
世界を見据えた
ミッション

Point 3
強い個を育成する
充実した育成環境

キャップジェミニ

Point 1
グローバルで
ワンカンパニー

Point 2
End to Endで
支援するサービス提供

Point 3
日本オフィスを
自ら**発展**させていく醍醐味

KPMG コンサルティング

Point 1
4つの観点で
クライアントに寄り添う

Point 2
コンサルタント自ら
新たな価値の創造に取り組む

Point 3
独自の研修プログラムで
市場価値を高める

IT企業	メーカーなど

日本IBM

Point 1
企業や社会の変革を支援するための
3領域

Point 2
自ら学び、成長する
「学習する組織」

Point 3
キャリアや働き方は
自分で選択する

ジョンソン・エンド・ジョンソン

Point 1
イノベーションを追求し、
医療の発展に貢献

Point 2
受け継がれていく理念
「我が信条(Our Credo)」

Point 3
リーダーシップを
発揮できる環境づくり

日本マイクロソフト

Point 1
全世界のさまざまな業界へ向けた
DX支援

Point 2
ハードウェアからクラウドまで
幅広い製品を提供

Point 3
社員が学び、
成長し続ける文化

ネスレ日本

Point 1
CSVにもとづく
社会課題の解決

Point 2
高品質な製品と
ブランド価値

Point 3
イノベーションと
多様性への取り組み

シスコシステムズ

Point 1
40年にわたり
IT業界をリード

Point 2
働きがいを感じられる
職場づくりを徹底

Point 3
社会の誰一人も
取り残さない

P&Gジャパン

Point 1
世界が認める
リーディング・カンパニー

Point 2
社員一人ひとりの
成長に投資

Point 3
自分ならではの
働き方を推奨

ユー・エス・ジェイ

Point 1
世界有数の
メディアグループの一員

Point 2
超一流の**「ブランド経営者」**へ
成長できる環境

Point 3
国内有数の高い
ブランド力

シティグループ

Point 1
歴史に**変革**をもたらす
事業を行う

Point 2
世界約160カ国に
約2億の顧客口座をもつ

Point 3
ESGや
ダイバーシティを推進

J.P. モルガン

Point 1
個人の**キャリア**を
成長へ導く

Point 2
多様な**価値観**の中で
尊敬し合う文化

Point 3
クライアントとの
信頼関係がある老舗企業

ドイツ銀行グループ

Point 1
ドイツ最大の
民間金融機関

Point 2
アジアを皮切りに
グローバル展開

Point 3
多様性を尊重し
多彩な**チーム**を構築

バークレイズ

Point 1
世界トップクラスの
欧州系投資銀行

Point 2
社会共通の利益のために
金融の責任を果たす

Point 3
深い歴史と伝統の中で
多彩な**キャリア**や経験を積む

モルガン・スタンレー

Point 1
日本における
歴史と発展

Point 2
ダイバーシティ&インクルージョン
への取り組み

Point 3
ビジネスエリア別の
採用活動

UBS グループ

Point 1
160年以上の歴史と
ノウハウをもつ

Point 2
ウェルス・マネジメント業界に
新卒入社できる

Point 3
「**信頼**」第一の
企業文化

気になる企業の詳細は、
本書のChapter.3をチェックしよう

PwC コンサルティング 合同会社 Strategy&

Point 1
戦略を**実現**する
歴史あるチーム

Point 2
戦略に特化した
キャリア形成

Point 3
少数精鋭の
充実した成長環境

デロイト トーマツ コンサルティング

Point 1
グローバルネットワークを
生かした知見と実行力

Point 2
ビジネスパートナーとして
クライアントと伴走

Point 3
上司から直接フィードバックを
もらえる**Check in制度**

PwC コンサルティング

Point 1
各国のメンバーファームが
対等につながる

Point 2
業種別、ソリューション別の専門家が
連携

Point 3
一人ひとりのキャリアに寄り添う
コーチング制度

ベイン・アンド・カンパニー

Point 1
徹底した**結果主義**で
フルポテンシャルを解き放つ

Point 2
グローバル共通の
キャリア形成ができる

Point 3
選び抜かれた人材を
徹底的に**サポート**

ボストン コンサルティング グループ

Point 1
日本で**最大**の
戦略系経営コンサルティングファーム

Point 2
最先端でインパクトが大きい
CEOアジェンダに挑む

Point 3
世界で活躍する
グローバル人材へ成長できる

マーサージャパン

Point 1
世界最大級の
組織・人事コンサルティングファーム

Point 2
圧倒的な
成長環境

Point 3
人事コンサルタントを起点とした
多様なキャリア

ローランド・ベルガー

Point 1
欧州最大級の経営戦略
コンサルティングファーム

Point 2
持続可能な成長を支援する
アプローチ

Point 3
社員一人ひとりの個性と
多様性を重視

人事・採用担当者に聞いた!!

外資系企業
を目指す人のための
内定ロードマップ

ROADMAP TO FOREIGN COMPANIES

2026卒版

NPO法人エンカレッジ講師
林晃佑

プレジデント社

毎年20,000人の就活生と接する中で見えてきた、「外資を受けようと思ったときにあったらいい本」を人気企業の人事担当に取材してつくりました!

はじめまして。

キャリア支援NPO法人エンカレッジで、社会人プロ講師によるオンラインLIVE就活講座「Outstanding（アウトスタンディング）」を主宰している林 晃佑です。

開講して3年目を迎える就活講座「Outstanding」では、2023年は25卒の就活生約20,000人がオンラインで講座を受講し、さまざまな外資系企業や日系大手企業、ベンチャー企業の内定獲得を目指して日々努力しています。

私が講師として年間20,000人の就活生と深くかかわるなかで、最近は就活が早期化していること、それに伴って外資系企業の選考を受ける学生が増えてきていると感じています。その一方で、選考スケジュールが日系企業よりも早い外資系企業の選考を網羅した有効なガイドが少ないことに気づきました。

そこで私が考えたのは、「外資系企業を受けようかなと考えたときにあったらいい本」をつくろう、ということです。

本書を一言でいうと、「就活初期に外資系企業の就活戦略を立てるガイド役」です。26卒の外資系企業志望者の役に立つように、本書を書くにあたって3つの工夫を施しました。

～本書を書くにあたって施した３つの工夫～

1. 外資系企業の選考の特徴を大まかにつかめるようにすること
2. コンサルティングファーム・金融機関・IT 企業・メーカーなど、人気企業の特徴や選考スケジュールを一覧で比較できるようにすること
3. 外資系企業の厳しい選考を突破できるだけの「実力養成」や「選考対策」ができるように、具体的な方法論を提示すること

特に２つ目の人気企業の特徴や選考スケジュールに関しては、実際に人事・採用担当者に取材し、できるだけ各社のリアルな情報を26卒の就活生に届けられるようにしました。今回は掲載36社中26社に直接取材しています。つまり、インターネットには出ていない、ここでしか得られない選考情報が満載です。

本書は「外資系企業を受けようと思ったときにあったらいい本」ですが、本書で外資系企業の内定獲得のために努力したことは、もちろん日系企業の就活でも存分に活かすことができます。ぜひ本書の内容を実践し、自身の就活に役立ててください。

本書を通じて、一人でも多くの就活生が自分に合う企業を見つけ、見事内定を獲得し、真に納得できるファーストキャリアを歩むことができるように願っています。

キャリア支援NPO法人エンカレッジ

林 晃佑

Chapter. 2
外資系人気企業の
主要4分類と業務内容

Chapter. 3

外資系人気企業の
最新採用情報

Chapter. 4

内定獲得のための
おすすめ書籍18冊

実力養成編

論理的思考力 1冊目

Chapter. 1

外資系企業の
就活の基本

外資系企業の就活は、日系企業の就活と何が違うのでしょうか。外資系企業の特徴から採用スケジュールまで、エントリーする前に知っておきたい基本的な情報を解説します。

01 外資系企業の種類

そもそも 外資系企業とは

外国の資本が入った会社が「外資系企業」

　一般的に「外資系企業」とは、外国の企業が日本へ進出して設立した日本法人や、外国の企業が一定以上の資本を保有している企業などを指します。しかし、厳密な定義があるわけではありません。経済産業省が毎年実施している「外資系企業動向調査」では、外国企業が株式の3分の1以上を所有し、かつ外国の筆頭出資者の出資比率が10％以上の企業を「外資系」としています。

出資形態によって3種類に分けられる

　外資系と呼ばれる企業は、主に3つのタイプに分けられます。

　1つめは、**海外の企業が日本へ進出して設立した企業**で、「外国企業の日本支社」という位置づけになります。海外の本社が出資し、経営に関する方針や施策の決定・変更も、出資国の本社が行うのが一般的です。

　2つめは、**日系企業と海外企業の共同出資で設立された企業**。日本市場でビジネス展開を目的とする外国企業と、海外のブランド力や先端技術などの獲得を目的とする日系企業がパートナーとして手を組むケースです。出資配分についての明確な定義はありませんが、出資比率が高い側の企業が経営方針により強い発言権をもつことになり、企業文化を左右します。

　3つめは、**元々は日系だった企業がM＆Aなどで外国の企業に買収されたケース**。経営の主導権は外国側に移管し、社内公用語が英語になったり残業規則が変わったりと、社員を取り巻く環境は大きく変わります。一方で、日本市場の特殊性を鑑みつつ、買収後も日本の経営方針や経営陣を継続するなど、日系企業の文化を残すという事例も少なくありません。

外資系企業の3つのタイプ

「外資」とは、文字通り「外国の資本」を意味しており、
日本における「外資系企業」とは、日本以外の国の資本が入った企業を指します。

海外の企業が日本へ進出して設立した企業

海外企業が日本市場へ進出するため、子会社として日本法人を設立

日系企業と海外企業の共同出資で設立された企業

海外企業と日本企業がそれぞれ出資して設立され、日本で事業を行う

M&Aなどで外国の企業に買収された企業

日本で事業をしていた日本法人が買収され、外資系企業となり、日本で事業を行う

国内にある企業には国内の労働法が適用される

外資系企業と聞くと、労働環境や勤務条件に不安を抱く人もいるかもしれません。しかし、外資系企業といえども、従業員が日本国内で働いている以上、労働基準法や最低賃金法など、日本国の労働関連法が適用されます。そして、外資系企業の中でも採用条件や人事制度はさまざまなので、よく調べた上で企業を選びましょう。

外資系企業の企業文化

外資系と日系企業の働き方の違い

個人の成果が重視されやすい外資系企業

外資系企業と日系企業の違いとしてよく指摘されるのが、日系企業が「組織」を重んじるのに対し、外資系企業は「個人」を重視する傾向が強いという点です。

外資系企業では、従業員に求める役割が明確な場合が多く、職種ごとの専門性が求められます。新卒採用においても職種別に選考を行う企業が多く、**「ジョブ型採用」（職務の内容を明確に定義し、その職務を遂行するのに適したスキルおよび実務経験をもつ人材を採用する方式）** も増えています。

また、個人を重視するといっても、必ずしもひとりで業務に取り組むというわけではありません。あるプロジェクトが発足する際には、さまざまな能力をもつメンバーがアサインされ、ともに業務に取り組んでいくこととなります。そのため、成果を出すためには、コミュニケーション力やマネジメントスキルも重要となってきます。

組織への貢献が重視されやすい日系企業

一方、日系企業では、「総合職」や「一般職」といった職種で採用を行っている企業が多く、配属された部署に応じて幅広い経験を積むことができます。そして、ある部署のなかで幅広いスキルを習得したり、ほかの部署に異動したりすることにより、ジェネラリストとして成長していくことも可能です。企業によっては、福利厚生が充実しており、各種手当や休暇制度が魅力となっていることもあります。

外資系企業と日系企業の比較

一般的な外資系企業と日系企業の違いとしては、
以下のような傾向があると言われます。

外資系企業		日系企業
スピード感が求められる 個々人の裁量が大きく スピード重視で業務を進める	⟷	**丁寧な合意形成が 求められる** 丁寧に合意形成を進めながら 業務を進める
成果を重視 成果や実力に応じて評価される	⟷	**プロセスも重視** 成果のみならず、成果を出すまでの プロセスも評価対象となる
給与を重視 実力・成果が給与に反映される	⟷	**福利厚生も重視** 手当や利用できる制度が豊富
ジョブ型 個々人の専門性をベースにして プロジェクトごとにチームが編成される	⟷	**メンバーシップ型** 社員一人ひとりに役割が与えられ、 組織の利益貢献を実現する

One Point

成果主義を原則とした給与査定

外資系企業では成果主義が原則であり、KPI（重要業績評価指標）
などにもとづいた査定を行うケースが増えています。「ベース給（基
本給）＋インセンティブ」という形で給与を算出する企業が多いため、
日系と比べ、相対的に年収が高くなりやすいという特徴があります。

15

03

社風・文化にマッチすることが重要

外資系に向いている人、活躍できる人の5つの特徴

世界的ネットワークを活かせる能力や志向性

　外資系企業で働くうえで、語学力が求められるシーンは少なくありません。世界各国にあるグループ企業とのやりとり、本部から届く資料やマニュアルなどがすべて英語であったり、社内プレゼンも英語で行われたりする企業も多々あります。

　ただし、語学力のみで採用の可否が決まるようなことは少なく、入社後に語学研修を設けている外資系企業も少なくありません。むしろ、国籍や文化圏が異なる相手と会議をしたりプレゼンを行うためには、**論理的にコミュニケーションを取るスキル**が求められます。

　また、各プロジェクトへの参加がある程度各自の判断に任される外資系では、自身がどのような仕事をしたいのかを中・長期的なスパンで明確にしておくことが重要になります。

　さまざまなスキルや知見を高めながら、その能力を活かしていく意識を強くもてる人こそ、外資系に向いているといえます。

市場価値を高めることに意欲的な人が向いている

　外資系企業では語学力に加え、職種における専門性やビジネスパーソンに求められるスキルが高い人ほど評価される傾向にあります。さらに、日系企業に比べて高い報酬を手にできるという特徴もあります。**実際、新卒でも初年度から年収が400万円を超える企業**も少なくありません。

　そのうえで、転職を重ねてスキルアップを図る、すなわちキャリアは自分で築いていくという考え方が外資系では主流。自分の市場価値を高めることにモチベーションを見出し、社会でスキルを試したいという気持ちが強い人も外資系に向いているといえるでしょう。

外資系に向いている人、
活躍できる人の特徴を紹介します。

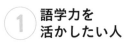

**① 語学力を
活かしたい人**

社内公用語が英語になっている企業もあり、語学力が求められる場面が多い。入社時点では堪能でなくとも、語学力を高めていく姿勢が必要となる

**② コミュニケーション
力を活かしたい人**

グローバルに広がるネットワークのなかで仕事をするため、さまざまなバックグラウンドをもった人と働くことになる。そのなかで相手の意見をしっかりと聞き、自分の意見を論理的に伝えるためのコミュニケーション力が重要となる

**③ 自分の意見を積極的
に主張したい人**

世界的な規模のビジネスで成果を出すためには、自分の意見を積極的に主張して、プロジェクトを推進する必要がある。また、自分がどのようなプロジェクトにかかわり、どんなキャリアを描きたいのかという意志をもつことも求められる

**④ 実力で
評価されたい人**

年功ではなく、実力に応じてポジションが上がっていく傾向にあるので、取り組んで成果を上げた分をきちんと評価してほしい人に向いている

**⑤ 自分自身でキャリアを
切り開いていきたい人**

外資系企業では、個々の価値観を重んじる一方で、自分で考えて行動する自律性が求められる。必要なスキルや知識を主体的に学び、今後のキャリアも会社任せではなく、自身で目標を定めて実行できる人のほうが向いている

04

大学3年生の4月頃から選考スタート

外資系企業における
新卒採用の選考過程

3年生の4～6月頃よりエントリーが始まる

　経団連(日本経済団体連合会)に属していない外資系企業においては、「大学3年生の3月に情報解禁」「大学4年生の6月に選考開始」といった縛りがありません。そのため、外資系企業の選考時期は日系企業よりも早く、気づいたときにはエントリーがすでに終了している場合もあります。

　多くの外資系企業では、**大学3年生の4月頃からサマーインターンのエントリーが始まります。エントリー後は、面接などの選考を経て、インターンに参加することができます。その後、再度、選考を受けて、内定が出る**というケースが多くなっています。

　9月まで実施される夏のインターンの募集締め切りが5月や6月というケースも多く見られます。

インターンでは実践的な課題に取り組む

　日系企業のインターンの中には、長期のものもありますが、1～2日程度の短期で終わるものも少なくありません。また、内容についても、簡単なグループワークや若手社員との座談会などが主となっています。

　一方、**外資系企業では、戦力としての能力を見極める場として採用過程に組み込まれているところも多く、期間も3日～1週間**というのが一般的。内容も、具体的な企業買収のプランを発表しあうグループワークなど、実践的な課題が多いのも特徴です。

　インターンに参加するには選考があります。志望度の高い企業のインターンには積極的にエントリーするようにしましょう。

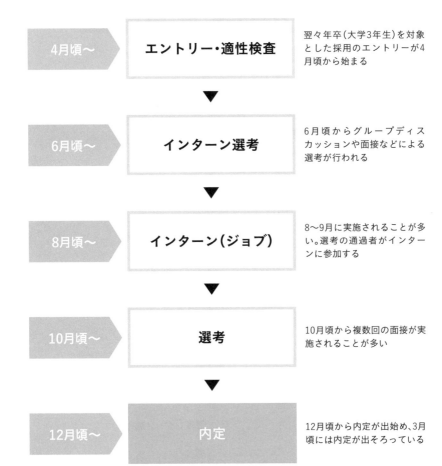

外資系企業の選考の流れ

外資系企業の就活の最大の特長はエントリー時期が
早いこと。慌てないように時期を把握しておきましょう。

4月頃〜	**エントリー・適性検査**	翌々年卒(大学3年生)を対象とした採用のエントリーが4月頃から始まる
6月頃〜	**インターン選考**	6月頃からグループディスカッションや面接などによる選考が行われる
8月頃〜	**インターン(ジョブ)**	8〜9月に実施されることが多い。選考の通過者がインターンに参加する
10月頃〜	**選考**	10月頃から複数回の面接が実施されることが多い
12月頃〜	**内定**	12月頃から内定が出始め、3月頃には内定が出そろっている

One Point

採用プロセスは企業ごとに異なる

多くの外資系企業が、大学3年生の春くらいからエントリーを受け付けています。ただし、企業ごとに選考プロセスや時期は異なるため、本書のChapter.3を読んで、個別に就活のスケジュールを立てましょう。

Chapter. 1　外資系企業の就活の基本

05

外資系企業のほうが3カ月早く始まる

外資系企業と日系企業の就活スケジュールの違い

外資系企業と日系企業の一般的な就活スケジュール

大学2年生	大学3年生		
4月		6月	9月

外資系企業

夏インターン選考

エントリー・適正検査

インターン選考

インターン（ジョブ）

秋冬インター選考

エントリー

日系企業

夏インターン選考

エントリー・適性検査

インターン選考

　外資系企業が大学3年生の4月前後からインターンのエントリーが始まるのに対して、日系企業は大学3年生の6月頃からインターンのエントリーが始まります。日系企業でもインターンを事実上、採用過程のひとつとしているケースが増えており、その場合には3カ月のずれがあることになります。

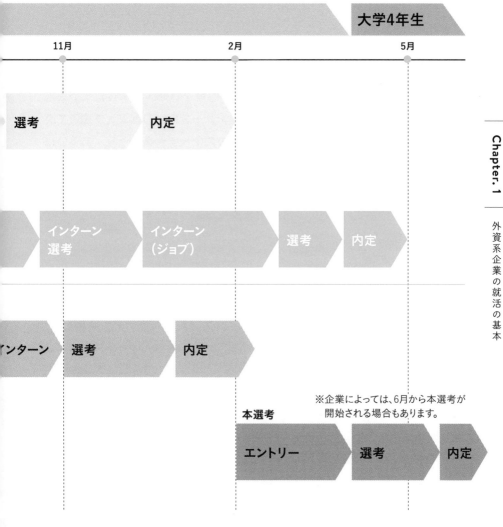

06 実践的な課題に取り組む
外資系企業のインターン（ジョブ）の特徴

4〜5人程度でチームをつくり課題に取り組む

　外資系企業の学生向け就業体験プログラムには、「インターン」や「ジョブ」と呼ばれるものがあります。

　この2つを分ける明確な定義はなく、ほとんど同じ意味で用いられていることもあります。ただし、「インターン」が選考と直接的につながっていないとされることもある一方で、「ジョブ」は選考プロセスにおける最終段階として位置づけられることもあります。**インターンないしはジョブ選考で高評価を得ると、面接や特別選考といった次のステップへ進めたり、あるいはそれも経ずにそのまま内定を出す**という企業もあります。

　期間は3〜5日間程度で行われるのが一般的で、多くは4〜5人でチームをつくり、自社商品やクライアント企業が抱える仮想課題にチームごとに取り組みます。

入社後に行う業務レベルの実践的な課題に取り組む

　インターンの内容は企業ごとに異なりますが、具体的で実践的な課題に取り組むケースも多いです。たとえば「某商品を用いた新規事業の立案」「某自治体のインバウンド政策における戦略の立案」「業界2位の建材メーカーの利益率を5％上げて1位にするための展開」といった、**実際に入社後に取り組まなければならないレベルの課題**が出されたりします。

　高評価を得るには、効率的なデータ収集や業界への知識と理解、正確な市場分析など実践的なスキルが求められることになります。プレゼンでは質疑応答の場が設けられるため、選考官やほかの参加者からの指摘に明確に答えられるよう、曖昧な点を残すことなく、常に根拠を確認していくことが重要となります。

外資系企業におけるインターンの位置づけ

・実際の業務に対するスキル・ポテンシャルを確認する
・企業文化へのフィット具合を確認する
・自社の労働環境を就活生に見てもらうことで、志望の優先度を上げる

そのため、3〜5日から数週間など長期で行う
企業が多く、内容も実践的

◀ 日系企業よりも
インターンが
重要視される

インターンまでの選考過程

エントリー シート	日系企業のエントリーシートと極端に違いがあるわけではないが、傾向として論理的思考力がより問われる。企業の事業を研究したうえで、自分の能力を具体的にアピールすることが必要。
適正検査 (Web検査)	SPIが利用されるケースも多いが、企業独自の試験も行われる。単なる時事問題ではなく、論理的思考力、問題解決能力が問われる。
ケース面接 通常面接	提示された課題に対して仮説を立て、解決策を導き出すケース面接や通常の面接が行われる。グループディスカッションも実施されることも多く、論理的に議論できる能力も問われる。

One Point

インターンはマッチングの場でもある

多くの外資系企業のインターンでは、先輩社員のアドバイスのもと、課題に取り組みます。インターンは選考過程の一部になっている企業もありますが、実際の業務や社風を体感することで、入社後のギャップを減らすための場にもなっています。

選考の最難関
「ケース面接」では
何が問われるのか

選考の最難関ともいわれるケース面接

　外資系企業、なかでもコンサルティングファームや投資銀行などの選考過程では、「ケース面接」と呼ばれる面接が実施されます。

　ケース面接とは、面接官から与えられた課題に対して、口頭で回答するというもの。おおよそ1時間ほどで行われます。課題の内容は、企業の売上や利益向上、新商品の開発など、実際のビジネスに即した課題が出される場合が多いです。たとえば、「駅から徒歩10分の立地にあるカフェの売上を30％増やすには？」といった具合です。ほかにも、国民の健康寿命を延ばす方法といった社会課題や、企業は残業を完全にゼロにする必要があるかといった二択が問われることもあります。

　課題に対して15分ほど考える時間が与えられ、その後、5〜10分ほどで発表し、その発表内容をもとに面接官とディスカッションが行われます。

　ケース面接は、おもに採用候補者の問題解決力などを評価するために実施されます。ビジネスの現場で向き合うような課題が出され、その難易度の高さから、選考過程において最難関といってもよいでしょう。

ケース面接で求めらる力

　ケース面接で評価される点は、出された結論はもとより、思考の過程にあります。特に二択の問題については、どちらかが正解ではなく、どのような考えでその結論に至ったかが評価の対象になります。

　そのうえで必要なのが、まず出された課題から「問い」を正しく認識する分析力。そして、実現可能かつ有効な施策を立案する問題解決力、論理的思考力。さらに、その施策を明確にわかりやすく伝えるためのコミュニケーション力などが求められます。

外資系人気企業の
主要4分類と業務内容

外資系企業にはさまざまな種類があり、業務内容も多岐
にわたります。就活生に人気のある4業界を取り上げ、ビジ
ネスモデルから職種、1日のスケジュールまで、詳しく解説
します。

世界各国で業界をリードする企業

外資系人気企業の
主要4分類

就活生に人気の高い外資系企業

　外資系企業はあらゆる業界で事業を展開していますが、なかでも**就活生に人気の企業として、コンサルティングファーム、金融機関、IT企業、メーカーなど**が挙げられます。グローバルに展開しており、日本国内においても知名度が高い企業も多く、日本人の日頃の生活に欠かせない商品やサービスを提供しています。

グローバルな競争に勝ち残った企業が国内で活躍

　コンサルティングファームや金融機関は、世界中の企業や政府機関をクライアントにもち、グローバルな規模でビジネスを展開しています。近年は日本国内においても存在感を増しており、ビジネスの上流から下流までさまざまな課題解決を支援しています。

　IT企業は、そもそも地域の垣根を超えて活動する企業が多く、インターネットが普及している地域がすなわち商圏となるため、世界規模で熾烈な競争が行われています。その競争を勝ち残った企業が日本でもトップ企業として活動しています。

　外資系メーカーなどは、世界的な知名度を誇るブランド力を背景に、グローバルにサービスを展開しています。特にマーケティングに強みをもつ企業が多く、自社商品の魅力を世界中に発信しています。

外資系人気企業の主要4分類と企業一覧

コンサルティングファーム

アーサー・ディ・リトル
アクセンチュア
EYストラテジー・アンド・コンサルティング
A.T.カーニー
キャップジェミニ
KPMGコンサルティング
PwCコンサルティング合同会社 Strategy＆
デロイト トーマツ コンサルティング
PwCコンサルティング
ベイン・アンド・カンパニー
ボストン コンサルティング グループ
マーサージャパン
ローランド・ベルガー
マッキンゼー・アンド・カンパニー など

金融機関

シティグループ
J.P.モルガン
ドイツ銀行グループ
バークレイズ
モルガン・スタンレー
UBSグループ
ゴールドマン・サックス
バンク・オブ・アメリカ
BNPパリバ
アメリカン・エキスプレス
AIGグループ
フーリハンローキー
ラザード フレール など

IT企業

シスコシステムズ
日本アイ・ビー・エム
日本マイクロソフト
アマゾンウェブサービスジャパン
アマゾンジャパン
グーグル
セールスフォース・ジャパン
アドビ
Alibaba
SAPジャパン
日本オラクル
フェイスブック ジャパン
LINEヤフー など

メーカーなど

ジョンソン・エンド・ジョンソン
ネスレ日本
P＆Gジャパン
ユー・エス・ジェイ
ユニリーバ
日本ロレアル
アストラゼネカ
GEジャパン
スリーエムジャパン
ナイキ
日本コカ・コーラ
日本ヒューレット・パッカード
ファイザー など

※青字はChapter.3で選考情報を掲載している企業

One Point

今なお群雄割拠のIT業界

世界をリードするビッグテックの企業群として、「GAFAM」という略称があります。Google、Apple、Facebook、Amazon、Microsoftの5社の頭文字をとったものですが、近年は、Microsoft、SalesforceやShopifyなど、BtoBサービスを展開する「MT SaaS」なども台頭しており、今なおIT企業は世界的に群雄割拠の状態です。

Chapter. 2

外資系人気企業の主要4分類と業務内容

27

02

コンサルティングファーム①

外資系コンサルの
ビジネスモデル

クライアントの課題解決のための戦略を立てる

　近年、就活生に人気が高まっているコンサルティングファーム。一般にコンサルタントとは、企業などのクライアントが抱える経営課題を明らかにし、課題解決のための経営戦略を立てたり、必要な業務プロセスの改善策を提案する仕事です。近年は提案やアドバイスのみならず、実行まで支援する企業も増えています。

　コンサルタントが提案する事業戦略や経営戦略は、クライアントの今後の成長を左右し、その企業の未来を決めるともいえる極めて重要なものです。

企業は「中長期的な利益」に対して対価を払う

　「コンサルティングファーム」とは、このようなコンサルティングサービスを提供する企業（ファーム）全般を指し、そのうち外国資本が一定以上のコンサルティング企業は「外資系コンサルティングファーム」と呼ばれます。

　一般的なメーカーが部品を仕入れて製品を加工・販売して利益を得るのに対し、コンサルティングファームは新規事業や財務管理、システム導入などのコンサルティングサービスをクライアント企業に提案することで報酬を得ます。

　料金体系はケースごとに異なり、**1カ月程度のプロジェクトで報酬が数千万円になる場合も珍しくありません。**クライアント企業は、それほどの大きな対価を短期的に支払ってでも、中長期的な視点で将来の大きな利益につなげることを目指しているのです。ビジネス環境がどんどん変化、複雑化していくなか、コンサルティングファームへの需要は高まっているといえます。

コンサルティングファームのビジネスモデル

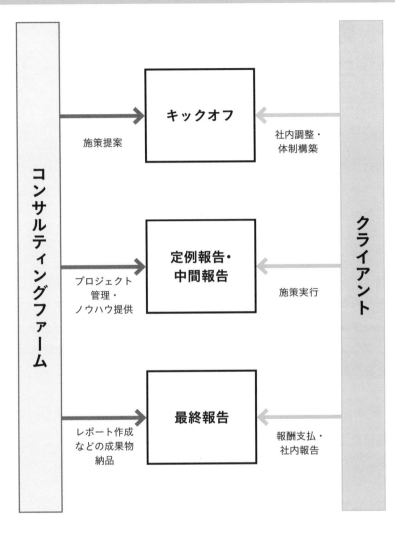

| コンサルティングファーム | | クライアント |

キックオフ

施策提案 → | ← 社内調整・体制構築

定例報告・中間報告

プロジェクト管理・ノウハウ提供 → | ← 施策実行

最終報告

レポート作成などの成果物納品 → | ← 報酬支払・社内報告

クライアントの例

- ・大企業
- ・中小企業
- ・政府、自治体

- ・学校
- ・医療機関
- ・銀行、証券会社 など

Chapter. 2

外資系人気企業の主要4分類と業務内容

コンサルティングファーム②

戦略系／総合系／IT系 コンサルティングファーム

課題の発見から実行支援までを担当する

　一口に「外資系コンサルティングファーム」といっても、業務内容は会社ごとに大きく異なります。会社の規模や設立の背景によってさまざまですが、代表的なものとして下記の3つが挙げられます。

戦略系コンサルティングファーム

　クライアント企業が気づいていない点も含めて経営上の懸案を明らかにし、その名のとおり「課題解決のための経営戦略」を立案・提案するのが主な業務。**企業の中長期的な成長戦略の策定や、M&A戦略、マーケティング戦略、ブランド戦略などのプロジェクト提案のほか、新規事業戦略などといった専門的な事業課題も扱います。**

総合系コンサルティングファーム

　経営理念・戦略立案からIT戦略、人事、業務オペレーション、システム導入・向上など、あらゆる企業課題を総合的にサポートします。総合系は業務のボリュームが膨大となるため、企業規模も総じて大きく、抱える社員の数も数百から数万人規模と多いです。

IT系コンサルティングファーム

　企業の課題を解決するITシステムの設計や構築、運用、保守点検などを提案・サポートするコンサルティングファーム。経営戦略に合わせIT戦略を提案したり、システムの最適化から業務改善を図るなど、IT技術によって課題解決に取り組みます。

戦略系／総合系／IT系コンサルティングファーム

あらゆる業界、分野が対象となる
主なコンサルティングファームとして、
下記の3つの種類が挙げられます。

戦略系コンサルティングファーム

主な業務内容	コンサルティングファームの例
経営上の問題点を明らかにし、その解決策を提案。企業の中長期的な経営戦略、マーケティング戦略などのプロジェクト提案をする。	・アーサー・ディ・リトル ・A.T. カーニー ・PwCコンサルティング合同会社 Strategy& ・ベイン・アンド・カンパニー ・ボストン コンサルティング グループ ・ローランド・ベルガー ・マッキンゼー・アンド・カンパニー など

総合系コンサルティングファーム

主な業務内容	コンサルティングファームの例
経営戦略の立案からシステム導入、業務改善まで、クライアントが抱えるあらゆる課題を解決する。	・アクセンチュア ・EYストラテジー・アンド・コンサルティング ・KPMGコンサルティング ・デロイト トーマツ コンサルティング ・PwCコンサルティング など

IT系コンサルティングファーム

主な業務内容	コンサルティングファームの例
企業課題を解決するITシステムの設計、開発、運用、管理を行う。ITシステム全般だけでなく、ファームごとの強みを生かした業務にかかわる。	・キャップジェミニ ・ガートナージャパン ・フューチャーアーキテクト など

コンサルティングファーム③

専門系
コンサルティングファーム

特定の領域に特化したコンサルティングファーム

　コンサルティングファームの主な3分類を前項で紹介しましたが、近年はコンサル業界で細分化が進んでおり、特定の領域に特化した専門系コンサルティングファームも増えてきました。ここでは主な専門系コンサルティングファームを紹介します。

組織・人事系コンサルティングファーム

　人や組織といった領域に特化して企業が抱える問題を解決します。人事制度や労務部門の課題解決から、採用活動の支援、人材育成などのコンサルティングを提供。近年は働き方改革や終身雇用制度の崩壊などの影響もあり、組織・人事コンサルタントのニーズが高まっています。

財務・会計系コンサルティングファーム

　企業の財務にかかわる課題解決に関してアドバイスを行うコンサルタント。主な業務としては、企業の財務状況の課題解決や資金調達に対するアドバイス、M&Aに関する戦略提言や統合プロセス支援、企業再生などが挙げられます。

シンクタンク系コンサルティングファーム

　シンクタンクとしての役割も担い、ほかのコンサルティングファームに比べ、特に高いリサーチ力をもっています。国や自治体の政策について調査・研究・提言を行うほか、民間企業向けの各種コンサルティングを行っています。

組織・人事系コンサルティングファーム

主な業務内容	主なコンサルティングファーム
人事戦略の立案・実行支援や人事制度（評価、報酬制度など）の設計をする。さらに、人材育成や企業年金などの制度設計、M＆A実行後の組織統合なども行う。	・マーサージャパン ・ウイリス・タワーズワトソン ・コーンフェリー・ジャパン　など

財務・会計系コンサルティングファーム

主な業務内容	主なコンサルティングファーム
企業の財務状況や収支の課題に対してアドバイス・資金調達、事業再生、M＆A支援を行う。	・DTFA ・KPMGFAS ・EYTAS　など

シンクタンク系コンサルティングファーム

主な業務内容	主なコンサルティングファーム
国・自治体の政策に関する調査・研究・提言。経営戦略やIT、環境など、幅広く民間企業向けにコンサルティングを提供する。	・野村総合研究所 ・三菱UFJリサーチ＆コンサルティング　など

One Point

多様化するコンサルティングファーム

近年、コンサルティングファームのニーズは高まっており、さまざまな種類のファームが生まれています。例えば、事業再生やリスクマネジメントといった特定の業務に特化したファームや、医療業界や物流業界など特定の業界に特化したファームもあります。このようなファームは、それぞれの分野に特化することにより、複雑な課題を解決できるような専門性を獲得してきたといえます。

Chapter. 2

外資系人気企業の主要4分類と業務内容

コンサルティングファーム④

外資系コンサルの職階と業務内容

アナリストを経てコンサルタントとなる

　会社によっても異なりますが、**外資系コンサルティングファームの職階は「アナリスト（アソシエイト）」「コンサルタント（シニアコンサルタント）」「マネージャー（シニアマネージャー）」「パートナー」の4段階で構成されることが多いです。**いわゆる「コンサルタント」の肩書きを得るには、アナリストを経て昇進する必要があります。個人差はありますが、新卒入社から3年程度かかるともいわれています。

プロジェクトごとにチームが組成される

　コンサルタントの業務においては、プロジェクトごとにチームが組成され、プロジェクトが終了するとチームが解散、という場合が多いといわれています。**プロジェクトの規模によっても異なりますが、チームは4〜5人程度のメンバーで構成される**ケースが多いです。プロジェクトの流れとしては、まず営業提案や競合他社とのコンペ形式によって案件をクライアントから受注します。クライアント側の担当者（カウンターパート）とミーティングや関係者へのヒアリングを重ね、経営課題や目標を明確化。さまざまな情報収集と分析を経て、課題解決のための仮説を立てます。その後、仮説検証を繰り返しながら、中間報告を経て、解決策や目標を策定します。かつては**解決策の策定までの案件が多かったのですが、近年は解決策の実行支援や効果測定までフォローアップする案件も増えました。**複数のプロジェクトを並行して担当したり、複数のチームにアサインされることも珍しくありません。なかには、クライアント企業に常駐する案件もあれば、グローバルのプロジェクトの場合は、海外オフィスのメンバーと連携するケースもあります。

外資系コンサルタントの職階

新卒入社後はまず、アナリストもしくはアソシエイトからスタートします。
その後昇進し、20代でマネージャーになるケースもあります。

アナリスト（アソシエイト）

コンサルタントの補佐的な役割

新卒で入社した際に与えられる肩書き。主に
情報収集や分析、資料作成などを行う。

コンサルタント（シニアコンサルタント）

プロジェクトの実務を担当

分析、仮説、検証を行い、顧客に提案する意
見をまとめる。

マネージャー（シニアマネージャー）

プロジェクトの責任者

顧客の開拓や人材採用、育成、予算管理など
も行う。クライアントとのやりとりを中心に
なって行う。

パートナー

プロジェクトの最終責任者

顧客開拓はもちろん、受注や経営を担当して
いる。多くの場合、ファームの共同経営者な
どと呼ばれる。

One Point

初期提案から最終報告まで

初期に提案した仮説は、最終報告までいくと大きく形を変えている
ことが多々あります。それだけ難易度の高いブラッシュアップ作業
への対応を求められるのがコンサルタントであり、その集積こそが
外資系コンサルティングファームであるといえます。

Chapter. 2

06

コンサルティングファーム⑤

外資系コンサルの
社員の1日のスケジュール

複数のプロジェクトが進行する

　コンサルティングファームには、コンサルタントをはじめ、34ページで述べたようにさまざまな職階の社員がいます。職階ごとに行う業務に違いはありますが、いずれもクライアントの課題解決に向けて日々、業務を行っています。

　職階問わず共通しているのは、ミーティングの多さでしょう。社内では複数のプロジェクトが同時に進行していますが、それらをとりまとめるマネージャーは、各プロジェクトをマネジメントしているコンサルタントと進捗、予算管理などについて適宜ミーティングを重ねます。進捗に応じて、クライアントへの報告、今後の方向性などについて打ち合わせがなされます。

アソシエイトを指導するコンサルタント

　各プロジェクトをマネジメントするコンサルタントは、**課題解決のための仮説を立て、自身で調査、分析を進める**ほか、アソシエイトに対して情報収集や資料作成などを適宜指示します。まさにコンサルの現場の最前線のポジションといえるでしょう。

　そのため、ミーティングを行う相手は多岐にわたり、回数も増えます。成果をプレゼンするための準備も精度が求められます。

　そして、コンサルタントから指示を受けて実務作業を行うのがアソシエイトです。アソシエイトは議事録の整理など、クライアントの課題を正しく把握し、整理するための重要な仕事を行います。仮説検証を行うための資料作成なども行いますが、正しく検証するためにも高い正確性が求められ、優れたコンサルティングを支える業務を担っています。

コンサルタントの１日のスケジュール例

Aさん　戦略系コンサルティングファームの新卒入社2年目。アソシエイトから昇格し、シニア・アソシエイトとして働く。

9:30　**出社、予定の確認**
1〜5日のワークプランやのTODOを確認。相談事項があればマネージャーと打ち合わせ

▼

10:00　**ミーティングの準備**
クライアントとのミーティングに向け、資料の更新や事前送付、プレゼンの準備などを行う

▼

11:00　**クライアントとのミーティング**
クライアントの経営層とのMTGに参加。主に議事録作成を担当しつつ、質問にも回答する

▼

12:00　**昼食**

▼

13:00　**ミーティングで生じたタスクの処理**

▼

14:00　**顧客サーベイ**
クライアントの課題を抽出するためのサーベイ（調査）を実施する

▼

15:00　**データ分析**
実施した顧客サーベイのデータ分析を行う

▼

16:00　**チームでコーヒーを買いに出かけた後、作業**
顧客サーベイの分析結果を踏まえ、メンバーの示唆をとりまとめる

▼

18:00　**1on1**
上司と作業の振り返り、課題設定、アクション策定を行う

▼

19:00　**資料作成**
2日後のクライアントに報告するサーベイ結果について、どのようにとりまとめるか、仮案を整理する

▼

20:00　**退勤**
作業終了を報告して退勤

金融機関①

外資系金融機関の ビジネスモデル

証券の引き受けから企業買収の仲介まで

　外資系企業のなかでも就活生から常に人気が高いのが、銀行や証券会社といった金融機関です。

　銀行は市中から集めたお金を法人や個人に貸し付けて利息を得る一方、証券会社は基本的に預金を扱わず、株や債券など有価証券を投資家と売買して手数料収入を得ています。また、証券会社は顧客の保有する証券の引き受けや資金の調達、企業買収の仲介業務をサポートするなど、金融系アドバイザリー業務を幅広く行います。

外資系の金融機関は大型案件が多い

　日系の金融機関の多くがメガバンクの系列であり、メガバンクのネットワークを用いて日本国内での業務を比較的有利に進めていきます。一方、外資系金融機関は国際間での取引を伴う案件（クロスボーダー案件）を取り扱うことが多く、案件規模も大きくなる傾向があります。

　外資系金融機関は、特にM＆A分野において高いノウハウをもつとされ、市場分析や戦略立案など、相手側企業との交渉までを含めて総合的かつ高度なサポートを行います。 ニュースで報じられる日本国内のM＆Aの案件も、外資系金融機関が介入しているケースが少なくありません。

　クライアントは民間企業だけでなく、省庁や地方自治体のような、官公庁も含まれます。いずれも金融マーケットにおける大口顧客ばかりで、業務の遂行には大きな責任が伴います。膨大なデータ収集力と分析力、高度な知識と判断力をもつ優秀な人材が常に求められる業界です。

外資系金融機関と日系金融機関

外資系金融機関と日系金融機関は次のような特徴があります。

外資系金融機関		日系金融機関
法人向けの大型案件が中心で、案件数は少ない。	案件数	大規模な案件から小規模な案件までを取り扱っているため、案件数が多い。
上場企業、大企業向けの資金調達やM&A案件を行っており、比較的案件の規模が大きい。M&Aの年間取引額は数千億円規模となる。	案件規模	日系企業の債券・株式の引き受けなど数十億円規模のものも多い。証券会社のなかのひとつのビジネスとして業務が行われる。
外国の機関投資家に日本企業への投資案件を仲介するなどといったクロスボーダー案件を行うことが多く、業務のフィールドはグローバルに展開している。	フィールド	国内市場に強く、日系企業と長い関係性を構築していることから、日本国内での業務が中心となる。日系企業が海外企業とM&Aを行うケースも増え、海外とのやりとりも増えている。

One Point

株式上場のサポートも行う

株式上場を模索する企業に実務的なサポートを行ったり、企業が資金を調達したい場合の具体策（新株発行や公募増資、エクイティファイナンス〈株式資本を増やす資金調達〉など）のアドバイスを行ったりすることも、外資系金融機関の得意領域です。

金融機関②

外資系金融機関の 4大部門と業務内容

4つの部門とその業務

外資系金融機関のなかでも特に人気の高い投資銀行を例に、代表的な4つの部門を紹介します。

投資銀行（IBD）部門

企業の買収や売却（M&A）に伴う資金調達の財務プランを、さまざまな分析とともにクライアント企業に提案する部門です。営業担当の「カバレッジ」と業務遂行担当の「プロダクト」に分かれ、プロダクトはさらに、「M&Aアドバイザリー部門」（企業の買収・合併の支援）や、「ECM部門」「DCM部門」（株式や債権で資金調達を支援）などに分類されます。

マーケット部門

クライアントとなる銀行や保険会社などの資産運用部門や機関投資家に営業をかけ、株式や為替などの金融商品をセールスするなどして、顧客の資産運用全般をサポートする部門。このうち営業担当を「セールス」、売買執行担当を「トレーダー」と呼び、相互協力を図りながらセールスやトレーディングを行います。

リサーチ部門

世界情勢に伴う為替やマーケットの動向を調査し、分析で得た専門的な情報から投資に有益なレポートを作成する部門。レポートは社内のIBD部門やマーケット部門の営業担当が活用したり、学術論文のように署名付きで一般公開されたりします。

アセット・マネジメント部門

主に顧客の資産運用を代行する部門。業務内容に沿って「運用部門」と「営業部門」、これらをサポートする「ミドル・バック部門」で構成されます。どの部門においても高い市場分析力が求められます。

外資系金融機関の主な部門

外資系金融機関の代表的な4部門の業務内容を紹介します。

投資銀行(IBD)部門

クライアントに対して、M&Aや資金調達に関する支援を行う。いかに説得力のある提案ができるかが重要になる

・M&Aの提案・支援
・新規株式上場の支援
・株式発行の支援
・債券発行の支援

マーケット部門

銀行、保険会社や機関投資家へ株式や為替などの金融商品をセールス。IBD部門と違い、内容で差別化を図ることが難しいため、営業力が重要になる

・株式のセールス
・クライアントの株式をファンドへ組み込む交渉

リサーチ部門

情報収集・分析のスペシャリストが集まる部門。金融商品や経済の動向についての情報を分析し、IBD部門やマーケット部門(主にトレーダー)に提供。この情報収集・分析をする人を「アナリスト」と呼ぶ

・株式市場、為替市場などの分析
・分析結果のレポート作成

アセット・マネジメント部門

クライアントの資産運用を代行する部門。この部門は企業だけでなく、個人もクライアントとなる。金融商品を扱うため、より豊富な金融知識が求められる

・クライアントの資産管理
・クライアントの資産運用
・上記に伴う株式の売買など

One Point

アセット・マネジメント部門の形態

アセット・マネジメント部門の多くは、社内における業務部門ではありません。金融機関の名を冠する形(J.P.モルガン・アセット・マネジメントなど)で別会社として分かれています。

金融機関③

M&Aや新規上場など
企業の財務を手掛ける

企業買収の仲介から増資のサポートまで

　外資系金融機関の花形部門といわれるIBDの主な4つ業務を紹介します。

M＆Aアドバイザリー業務

　クライアントの買収先の選定や買収先となる企業価値の試算、相手側との交渉の実務や法令規則に沿った手続きなど、Ｍ＆Ａの一連のスキーム策定を一貫して支援します。激務といわれる金融機関のなかでも、特に多忙を極める部門とされます。

IPO（新規公開株・公開引受）業務

　非上場企業が証券取引所に株式を上場する際に、金融機関は実務的なアドバイスを行い、上場審査の通過へ導き、上場（公開）した株式を売買（引受）できるまでサポートします。一案件の遂行に1年から数年かかることも珍しくありません。

ECM（エクイティ・キャピタルマーケット）業務

　上場した企業が、資金調達のためにさらなる増資を行う際、そのサポートを行う業務です。「エクイティ」は株式資本を、「キャピタルマーケット」は「資本市場」を意味します。無計画に増資をすると、市場バランスが崩れて株価が下がるリスクがあるため、高度な市場調査能力が求められます。

DCM（デット・キャピタルマーケット）業務

「デット」は債権の意味であり、DCMを直訳すると「債券資本市場」となります。端的にいうと、取り扱う有価証券が「株式」なのが前述のECMで、社債などの「債権」を専門に扱うことで企業の資金調達を支援する部門がDCMです。債権は株式と異なり、期限までに投資家への償還義務が生じるため、スキームの作成にはECMとは異なる専門性が必要になります。

外資系金融機関の業務領域

外資系金融機関が行う業務は多彩であり、志望にあたって、
その内容を把握しておきましょう。

プライマリー（発行市場）	セカンダリー（流通市場）
投資銀行部門	**市場部門**
・M&Aアドバイザリー ・IPO（新規公開株・公開引受）業務 ・ECM（エクイティ・キャピタル・マーケット）業務 ・DCM（デット・キャピタル・マーケット）業務 ・アセットファイナンス	・セールス業務 ・トレーディング業務 ・ストラクチャリング業務 ・リサーチ業務

↕ ↕

クライアント	クライアント
・M&Aを行いたい ・株式・債券を発行したい ・上場したい	・資金運用をしたい

One Point

株式上場のサポートは投資銀行の得意分野

「投資銀行」と呼ばれますが、投資銀行が行っている業務は証券業の一種です。株式上場や上場企業の新株発行はその企業単独では法令上できず、また動く金額も巨額になるため金融の知識が必要です。そこで投資銀行がそれら業務を支援・実行するのです。

金融機関④

外資系金融機関の社員の
1日のスケジュール

経営に大きくかかわる提案を行う

　金融機関のなかでも、特に就活生からの人気が高いのが投資銀行部門です。投資銀行は企業の資金調達のアドバイスや実行支援を行って報酬を得るビジネスモデルであるため、**投資銀行部内ではその方法の具体的な提案やよりよい対象候補の選定、交渉などの業務が中心**となります。

　そのため、1日のなかでもミーティングや資料作成の占める時間が多くなります。新卒入社して間もないころは、ミーティングでは議事録の作成を担当することも多く、先方へプレゼンする資料作成も数多く手掛けることになります。

　また、金融の世界は常に変化し続けています。**金融に関して豊富、かつ最新の知識を常に得ておく必要があり、制度変更や投資先の業界動向などの勉強**が欠かせません。

クライアントの経営のブレインとなる仕事

　ほかにもM&Aを手掛ける際の契約書を作成したり、株式売買などでの資金移動の確認を行ったりするほか、M＆A後の合併先企業との連携の調整や資金調達後のアフターフォローまで業務範囲は広く、企業の財務・経営に大きく関与する仕事に携わります。

　大手企業の経営層に直接提案したり、話し合ったりする機会も多く、クライアントの経営のブレインともいえる存在です。

Bさん　投資銀行部門の新卒入社2年目。カバレッジを担当するチームに所属し、案件の営業や、それに伴う資料作成を行う

9：00 　出社、資料のチェック

提案内容のチェック、調整

▼

10：00 　クライアントとのミーティング①

クライアントとミーティング。内容はM＆Aの提案で、上司が主となりディスカッションを行う。議事録を担当

▼

11：00 　クライアントとのミーティング②

投資家とクライアントのミーティングに同席し、案件の執行にかかわる業務の面で提案する。議事録を担当。ミーティングを行う相手が海外企業のケースもあるので、早朝から開始することもある

▼

12：00 　昼食

▼

13：00 　資料作成

クライアントからの依頼に対する資料作成を進める

▼

16：00 　問い合わせ対応

クライアントからIPOに関する質問があり、上長に相談して対応する

▼

17：00 　社内ミーティング

案件執行に関する社内ミーティング。作業中の案件に対して、上司へ提案し、指示を受ける

▼

18：00 　リサーチ

インターネットでリサーチするほか、他部署への相談

▼

19：00 　社内勉強会に参加

産業の専門的な知識、業界動向、IPOについての知識を学ぶ。社内で企画された勉強会や、若手で行う勉強会もある

Chapter. 2

外資系人気企業の主要4分類と業務内容

11 IT企業①

外資系IT企業とは
どのような企業か

情報技術を使う企業はすべて「IT企業」

「IT企業」とは情報技術（Information Technology）を活用したサービスを展開しているすべての企業を指す言葉です。外資系IT企業と言う場合、海外のIT系企業が設立した日本法人など、一定以上の海外資本で運営されている企業を指します。代表的な企業は、グーグル、日本IBM、日本マイクロソフト、アマゾンジャパン、アップルジャパンなどが挙げられます。

IT企業の主な5つの分類

IT企業の分類は、カテゴライズする基準により大きく異なりますが、業界で分けるのであれば**「ハードウェア」**、**「ソフトウェア」**、**「情報処理」**、**「Webサービス」**、**「通信インフラ」**などに分類できます。

「ハードウェア」業界は、パソコンやスマートフォン、家電、医療機器などのIT機器や装置の製造・販売に直接的に携わっており、「ソフトウェア」はパソコンにインストールして活用するOSやアプリケーションなどを開発しています。

「情報処理」業界は、要件定義からシステム開発、保守までをソリューションで請け負うシステムインテグレーターと呼ばれる企業群のことで、略して「SIer（エスアイヤー）」とも呼ばれます。

「Webサービス」はインターネットで利用できるサービス全般を指し、検索エンジンやECサイト、ウェブ広告、SNS、コンテンツ提供などは基本的にすべてこの業界に含まれます。

「通信インフラ」は、固定回線やWi-Fi、海底ケーブルなどに用いられる通信回線の設備を運用する業界ですが、外資系企業の参入は限られます。

IT企業が提供するサービスは大きく5つに分類されます。
また、これらの事業を複数展開する企業もあります。

ハードウェア

パソコンやスマートフォンなどの
IT機器、装置の製造・販売

主な外資系IT企業	・日本マイクロソフト　・アマゾンジャパン　・グーグル・アップルジャパン など

ソフトウェア

パソコンなどで使われるOSや
アプリケーションの開発・販売

主な外資系IT企業	・日本マイクロソフト　・グーグル　・AWS など

情報処理

システムの要件定義や
開発・保守

主な外資系IT企業	・日本IBM　・日本オラクル など

Webサービス

検索エンジンやクラウド、SNSなど
インターネット上のサービスの運用

主な外資系IT企業	・グーグル　・AWS　・セールスフォース・ジャパン など

通信インフラ

インターネットやスマートフォン
などの通信回線の設置・運用

主な外資系IT企業	サムスン電子ジャパン など

Chapter. 2

外資系人気企業の主要4分類と業務内容

IT企業②

外資系IT企業の主な職種

システムエンジニア・プログラマー

　IT業界ではさまざまな職種の人たちが働いていますが、なかでも代表的な職種が「システムエンジニア」と「プログラマー」です。

　まず、システムエンジニアがクライアントの要望をヒアリングし、どのようなシステムを開発するのかを企画し、画面やデータベースなどの仕様書に落とし込みます。これを受けて、実際にプログラミング言語を用いてコードを書き、仕様通りに動くかどうかをテストしたり、コードを修正したりするのがプログラマーです。

　最初はプログラマーとして経験を積み、システムエンジニアにステップアップするというキャリアが一般的です。

プロジェクトマネージャー

　「プロジェクトマネージャー」は、システムエンジニアやプログラマーと並ぶ重要なポジションです。

　主な業務はプロジェクト計画を策定し、設定したQCD（品質、コスト、納期）達成のためにマネジメントをすることです。クライアントのためにどんなシステムが必要かを構想し、システムエンジニアやプログラマーと連携しながら開発・運用を推進します。そのため、経営陣や営業といったステークホルダーとかかわることも多く、適切にコミュニケーションをとり、関係性を構築するスキルが求められます。

　プロジェクトマネージャーは、**上流から下流まで幅広い工程に責任を負うため、システム開発プロジェクトには欠かせないポジション**となっています。

外資系IT企業の主な職種

主な職種

| システムエンジニア | システムの設計担当者
・クライアントの要望ヒアリング
・システムの仕様書の作成 |

| プログラマー | システムの開発担当者
・プログラミング言語を用いたプログラミング
・仕様通りに動くかどうかのテスト、修正対応 |

| プロジェクト
マネージャー | プロジェクトにおける実行責任者
・計画立案
・予算・進行管理 など |

One Point

外資系IT企業のさまざまな職種

IT企業の代表的な職種とされるシステムエンジニアですが、専門領域に応じてさまざまに分類されます。代表的なものとして、フロントエンジニアやサーバーサイドエンジニア、インフラエンジニア、AIエンジニアなどがあります。このほかにも、デザイナーや営業、コンサルタントなど、幅広い人材がIT企業を支えています。

IT企業③

外資系IT企業の社員の 1日のスケジュール

プロジェクトマネージャーの業務内容

　IT企業においてプロジェクトを動かす立場であるプロジェクトマネージャーは、チーム編成や予算、納期、品質管理などプロジェクト全体を統括するためのさまざまな業務を行います。

　プロジェクトの現場だけではなく、プロジェクト全体のマネジメントを行う役割なので、業務や責任の範囲が広いです。そのため、**責任をもって複数の業務を管理しきれるようなマネジメント能力や社内外の関係者とのやりとりを円滑に進めるコミュニケーション能力が必要不可欠**です。

さまざまな経験を積み、幅広い視野をもつことが重要

　システム開発プロジェクトにおいては、さまざまな専門性をもったメンバーが連携することになるため、タスクやスケジュールの管理が欠かせません。プロジェクトマネージャーは、WBSやガントチャートといったツールを駆使し、だれがいつまでに何をするのかを管理します。そして、ただ管理するだけではなく、トラブルがあった場合にどう対処するのか、トラブルを未然に防ぐためにどんな対策を講じるのかといった思考が必要となります。

　また、プロジェクトマネージャーは開発予算を管理するケースも少なくありません。何にどのぐらいの予算を使うのかという計画を立て、消化状況やリスクについて上層部に説明責任を果たすのも重要な役割です。

　プロジェクトマネージャーになるためのキャリアパスはさまざまですが、**システムエンジニアやコンサルタントとして経験を積み、幅広い視野をもつことが重要**となります。

プロジェクトマネージャーの1日のスケジュール例

Cさん　入社5年目。プログラマー・システムエンジニアを経て、1年前よりプロジェクトマネージャーを務める。現在、4件のプロジェクトを担当。

9：00　出社・メールチェック

出社後、前夜に届いたメールや社内の連絡で利用しているグループウェアを確認し、適宜返信。あわせて、今日の予定を確認する

▼

10：00　資料確認

プロジェクトの各工程の担当者が作成した資料を確認する。整理して、ミーティング用の資料を作成する

▼

11：00　定例ミーティング

プロジェクトの進捗を確認し、今後の開発方針について協議する

▼

12：00　昼食

▼

13：00　営業部との打ち合わせ

運用中のシステムについて、現場から上がってきた改善要望を集約し、対応方針を協議する

▼

15：00　新規プロジェクト企画

現在企画中のプロジェクトについて、開発方針や予算、体制を検討して提案資料に落とし込む

▼

17：00　新規プロジェクトの提案

クライアントに対して、新規プロジェクトを提案し、今後の進め方を協議する

▼

18：40　退勤

明日の予定を確認し、退勤

One Point

重要度を増すマネジメントスキル

プロジェクトマネジメントスキルとは、QCD（品質、コスト、納期）を守ってプロジェクトを遂行する能力を指し、PMBOKと呼ばれる知識体系もあります。特に外資系企業ではプロジェクト単位で業務を遂行するケースが多いため、必ず身につけたいスキルです。

Chapter. 2

外資系人気企業の主要4分類と業務内容

メーカーなど①

長年生活に密着する
外資系メーカー

日常的な消費財から電子・重工のメーカーまで

　日系・外資系にかかわらず、一括りに「メーカー」といっても扱う製品は多種多様です。業態や業種ごとの分類に明確な定義はありませんが、一般的には、消費財メーカー、食品メーカー、製薬メーカー、電子・重工メーカーなどに分けられます。

　消費財とは、洗剤やヘルスケア用品などの日用品、燃料、衣料品など、消費者が日常生活で購入する製品すべてを指し、関連する外資系メーカーとしてはP&G ジャパンや日本ロレアル、ユニリーバ・ジャパン、エスティローダーなどが挙げられます。外資系の食品メーカーとしては、ネスレ日本や日本コカ・コーラなどが広く知られています。

　製薬メーカーではファイザーやアストラゼネカ、ノバルティスファーマなどがコロナ渦にメディアでよく取り上げられていました。

　ほかにもユー・エス・ジェイをはじめとしたエンターテインメントやレジャーなどの企業も就活生に人気です。

業界研究や企業分析が重要

　一般に製造系は、外資系企業とはいえ日本法人としての歴史が総じて長く、なかでも食品、消費財メーカーでは、コカ・コーラやジョンソン・エンド・ジョンソンなどのように、**企業名や製品を日本人の生活に深く根付かせている企業も多く存在します。**

「外資系メーカーへの就職」といっても、携わる業務はその分類ごとに異なるため、志望する際は各分野の業界研究や個別の企業分析が重要です。

日本の就活生に人気のある外資系メーカー

日本進出の歴史が古く国内でも知名度の高い企業が多いです。

消費財

・P&G Japan
・ユニリーバ・ジャパン
・日本ロレアル
・ELCジャパン
・スリーエム ジャパン
・フィリップ モリス ジャパン
・ブリティッシュ・アメリカン・タバコ・ジャパン(BATジャパン)
・ルイ・ヴィトン モエ ヘネシー グループ(LVMHグループ)

など

食品

・ネスレ日本
・日本コカ・コーラ
・PepsiCo Japan
・ハイネケン・ジャパン
・ハインツ日本
・マース ジャパン リミテッド
・モンデリーズ・ジャパン

など

製薬

・ジョンソン・エンド・ジョンソン
・ファイザー
・アストラゼネカ
・グラクソ・スミスクライン
・日本メドトロニック
・万有製薬
・ノバルティスファーマ

など

エンタメ・レジャー

・ユー・エス・ジェイ
・ナショナル・アミューズメンツ
・タイム・ワーナー

など

※青字はChapter.3で選考情報を掲載している企業

メーカーなど②

外資系メーカーを
支える5部門

日本のニーズの調査も必要

　外資系メーカーにおける業務内容は、消費財系や製薬系などで違いはありますが、一般的には「マーケティング」「営業」「研究開発」「人事」「ファイナンス」などに分けられます。

「マーケティング」部門は、海外の本社が開発した商品を日本市場に広めるための販売戦略やブランド戦略を立て、営業部門などと連携しながらプランを実践していきます。**必要に応じて日本の消費者に合わせてローカライズし、海外の本部に英語でプレゼンを行うこともあります。**

「営業」部門は、顧客となる日本企業に自社商品を売り込み、本社が立てた売上目標を達成させることが主な業務です。消費財に関しては日本のメーカーの高品質な製品が競合相手となるため、**成果を継続して上げるには高いプレゼン力と商品の理解、加えて精神的なタフさも求められます。**

　外資系メーカーでは、研究開発は本国をはじめとした海外で行う企業が多いです。そのため、日本の「研究開発」部門では、すでに開発された自社製品を日本市場にマッチするようにカスタマイズするための研究や実験を行います。海外と法律が異なるケースも多いので、製品を日本で発売する際に法律的に問題がないかを調査するなど、研究者として技術開発の知識や経験だけでなく、応用力やプレゼンのスキルも求められます。

「人事」部門は、**企業としての組織体系を構築し、法改正や時代の変化に合わせた組織改正も合理的に行います。**社員のモチベーションを常に高く保つには、優れた人事評価システムにもとづく公正な評価と、経営戦略に沿った適切な人材配置が不可欠です。また、「ファイナンス」部門は、企業の財務上の課題を解決しながら、利益創出のカギを握る重要な部門です。

本社が世界的に行う事業戦略と別に
国内で商品ごとに戦略立案する企業も多い。

マーケティング部門

製品をいかに日本市場に向けて売っていくか広告宣伝の立案、販売戦略の
設計。製品は本国でできあがるケースが多いが、日本の消費者に合わせて
ローカライズすることもある。

営業部門

顧客となる日本企業や小売店、消費者に自社商品を売り込み、売上目標を
達成させる。

研究開発部門

すでに開発された自社製品を日本市場にマッチするようにカスタマイズす
るための研究や実験を行う。

人事部門

人材の獲得や配属、人事部の観点で組織体系や評価をサポートする。

ファイナンス部門

俯瞰的・包括的な視点でキャッシュフローを捉え、収益性の高いビジネス
モデルの構築・財務戦略を立案する。

メーカーなど③

外資系メーカーの 社員の1日のスケジュール

マーケティング職の業務内容

　外資系メーカーにはさまざまな職種がありますが、そのなかでも特に人気が高いのがマーケティング職です。マーケティング職は、販売戦略を立てたり、販売戦略や広告戦略、商品企画などを担当する重要なポジションです。

　国内の市場の状況を踏まえて、海外の本社と打ち合わせを重ね、オンラインでのミーティングやメールのやりとりが頻繁に行われます。広告出稿については各国で状況が異なるので、この点では国内でイニシアティブをとって広告代理店や小売・流通企業と打ち合わせを行っていきます。

　マーケティング職は新商品の発売前後が繁忙期となり、会議も増えるため、準備などで忙しくなることもあります。また、イベントがある場合などは週末に出勤することもありますが、ワークライフバランスを重要視している企業も少なくありません。

マーケティングの知識は必須

　一般に日本に進出する**大手外資系メーカーのマーケティング技術は世界トップレベル**ともいわれており、どの企業のどの業種を志望する場合でも、商品企画や開発、広告宣伝、流通などのマーケティング知識は、体系的に学んで準備しておいたほうがいいでしょう。

　また、生産拠点が海外にある企業では、完成品を日本へ輸入して販売するため、貿易業務を行うことになります。

Dさん　新卒入社2年目。マーケティング部門のチームに所属し、新商品のマーケティングや、それに伴う資料作成を行う

8:30 　**出社、予定確認**

勤務時間はフレックスタイム制が採用されている。多くの社員が9時までには出社している

▼

9:00 　**市場動向を調査**

担当している商品の市場動向をまとめ、レポートを作成。チームメンバーに報告

▼

10:30 　**広告代理店とミーティング**

市場動向を踏まえ、広告の内容、出稿時期について打ち合わせ

▼

12:00 　**昼食**

週に一度は近くのお気に入りのラーメン屋で食べる

▼

13:00 　**米国本社の担当者とミーティング**

オンライン上で新商品発売のタイミングやマーケティングプランを確認

▼

14:00 　**消費者動向をリサーチ**

販売している店舗に出向き、販売状況を確認

▼

16:00 　**新商品のマーケティングプランを検討**

店舗の状況を踏まえたプランを検討し、レポートにまとめる

▼

17:30 　**新商品発売の準備**

リリースの作成や関係部署への確認の連絡

▼

18:30 　**ミーティング資料の作成**

チームの会議で用いる資料を作成

▼

19:00 　**退勤**

明日の予定を確認し退勤

Chapter. 2　外資系人気企業の主要4分類と業務内容

コンサル志望の就活生は
押さえておきたい「フェルミ推定」

ケース面接で頻出のフェルミ推定

　コンサルティングファームや投資銀行の採用面接では、フェルミ推定の問題を出す企業もあります。フェルミ推定とは、実際に調査して求めることが困難な数値を、自身がもつ知識を用いて論理的に概算することです。

　たとえば、「全国の駅前の放置自転車の数」を知りたい場合、全国の駅を回って台数を数えていくと途方もない人手と時間がかかります。こうした場合に、フェルミ推定を用いて台数を概算します。この場合は、全国の駅の数、駅前の面積、自転車がおける密度などを仮定し、計算していくことになります。

フェルミ推定はトレーニングが必要

　ケース面接において、「全国の駅前の放置自転車をなくす方法を考えてください」といった課題が出された場合、まずどれだけの放置自転車があるのかを見積もらなければ、現実的な回答はできません。たとえば、フェルミ推定で全国の放置自転車をおおよそ900万台と概算したら、その数を踏まえたうえでの施策でなければ、現実的ではありません。

　最初は難しいと感じるかもしれませんが、例題でトレーニングを重ねていけば、だんだんと考え方のアプローチがつかめ、攻略できるようになります。

　簡単な仮定や与えられた情報をもとに、答えを論理的に短時間に導き出せるフェルミ推定は、就活だけではなく、その後のビジネスシーンで業務にあたるうえでも役に立ちます。Chapter.4でそれらを学ぶためのおすすめの書籍を紹介しているので、ぜひ参考にしてください。

Chapter. 3

外資系人気企業の
最新採用情報

外資系企業は、企業ごとに採用スケジュールや求める人材像
が異なります。インターン情報から先輩社員のインタビューま
で、外資系の人気企業の最新採用情報を紹介します。

＼ 1 0 0 年 以 上 続 く 歴 史 と 実 績 を 誇 る ／

アーサー・ディ・リトル

世界最初の経営コンサルティングファームとして設立されたアーサー・ディ・リトル（ADL）。1886年の設立以来、"イノベーションの実現"を軸に蓄積した知見をもとに、高度化・複雑化が進む経営課題に取り組み続けています。

アーサー・ディ・リトルを理解するための3つのポイント

Point
① 世界最初のコンサルティングファーム

アーサー・ディ・リトル（ADL）は1886年、マサチューセッツ工科大学のアーサー・デホン・リトル博士によって設立された世界初の経営コンサルティングファーム。ADLジャパンは、その日本法人として、1978年の設立以来、一貫して"企業における価値創造のあり方"を追及したコンサルティングを提供しています。

Point
② 未来の社会に"違い"をもたらす攻めの戦略

ADLが扱う案件は、イノベーションや新規事業立案など「攻めの戦略」の比率が多いのが特徴。解が類型化されないゆえに案件の難易度は高くなりますが、常にクライアントに寄り添うことを理念に掲げながら、クライアントそれぞれにとっての異なる最適解を追求することを信条としています。

Point
③ ジャパンオフィスのプレゼンスの高さ

ADLは世界48都市にオフィスを構えており、北南米、欧州、中東、アジアなどグローバルで高いプレゼンスを保有する外資系ファームです。そのなかでもジャパンオフィスのプレゼンスが高く、海外オフィスとの連携も日本主導の案件比率が高いという特徴があります。

会社名	アーサー・ディ・リトル・ジャパン株式会社	
本社所在地	東京都港区東新橋1-5-2 汐留シティセンター36階	
代表者名	原田裕介	
資本金	国内	非公開
沿革	1957年　欧州で最初のオフィスをスイス・チューリッヒに開設 1978年　日本法人を設立	
事業内容	技術力を中心とする企業に対する全社戦略、事業戦略、技術経営（MOT）を中心としたコンサルティングサービスを提供。専門家、テクノロジー、戦略を結びつけ、ビジネスのパフォーマンスを加速させるための独創的で実用的なソリューションを創出する	
売上高	グローバル	非公開
	国内	非公開
従業員数	グローバル	約1400人
	国内	約200人
拠点数	グローバル	48拠点
	国内	1拠点

採用ページ(2024年2月時点)

STEP1

スマートフォンなどで下記のQRコードを読み取ると、同社の採用ページにアクセスします。

STEP2

採用ページにアクセスしたら、エントリーに進めます。

Chapter. 3　外資系人気企業の最新採用情報

先輩社員インタビュー

若手の裁量が大きいのが魅力

アーサー・ディ・リトル・ジャパン株式会社
シニアコンサルタント
髙橋海さん

早稲田大学大学院、先進理工学研究科、生命医科学専攻卒。2019年に新卒でADLに入社。現在は日系大手企業に対し、全社戦略、新規事業戦略、海外事業戦略などの策定の支援を行う。

──コンサルティングファームを志したきっかけは何ですか。

高橋　**自分が大学院時代に研究していた技術がなかなか社会に出ていかないといった課題感**がいちばん大きかったかなと思います。大学院では生命医科学を専攻していたため、周りは製薬企業や食品業界を目指している就活生が多かったです。私の場合は、そういったところに一研究者として就職する以上に、その研究が世に出ていくために企業や官公庁を巻き込んで動くということへの興味が強かったので、コンサルティングファームを中心に就職活動をしていました。

──現在の仕事の内容を教えてください。

高橋　シニアコンサルとして行っている仕事として、クライアントである日系の大手企業に対しての全社戦略の策定、新規事業戦略の策定、海外事業戦略の策定などが中心となります。ADLは「イノベーション」という言葉に代表されるような新しい何かを生み出したり、会社の売上を伸ばしていったりといった、いわゆる"攻めのコンサル"を行うケースが非常に多いです。**クライアントの「何か新しいことをやりたい」という意志に寄り添い、調査や検討を一緒に進めていく**ようにしています。
　大変なことや難しい内容も非常に多いですが、そういったなかで実際にそのプロジェクトが終わったときに「次もぜひ髙橋さんにお願いしたいです」と認めていただいたときや、さらにその成果がクライアントの

なかでの次のステップへの検討につながったと思えるときは、やはりうれしいです。

──ADLの魅力は何ですか。

高橋　若手の裁量の大きさです。例えばクライアントが大手企業のマネジメント層であっても、クライアントに対して発信をしたり目の前で議論する場に加わる機会が1年目から非常に多いです。

　"攻めのコンサル"には答えのないようなプロジェクトも多く、自分たちの意思で、全員で検討しながら答えを探していく必要があります。だからこそ、**若手も全員がそれぞれで検討して意見をぶつけ合うことが非常に重要**になるので、1年目から発信することを大事にしているのだと思います。

──ADLで活躍している社員にはどのような人が多いですか。

高橋　普段から相手の話を真摯に聞くなど、一方通行にならないコミュニケーションを取ることを心がけていて、雰囲気自体が穏やかな人がかなり多いです。ゆるいというわけではなく、**人柄的には穏やかだけれど、チームで何かをつくり上げたり、考え抜いたりといったことにはしっかりと取り組む**人たちが多い印象です。そうしたコミュニケーションを取れていることが、互いに信頼感をもって仕事ができている証拠なのかもしれません。

アーサー・ディ・リトルを志す学生のみなさんへメッセージ

日本の産業への貢献、新しいことへの興味、若手の裁量、人を支える、風通し、柔和な社員、やりがいなどを就活のキーワードとする人にとって、おもしろいプロジェクトが揃っているはずです。ぜひ気軽に門戸を叩いてください。

過去の 新卒採用 スケジュール

▶ **2023年（2025年卒対象）のエントリーから内定までの流れ**

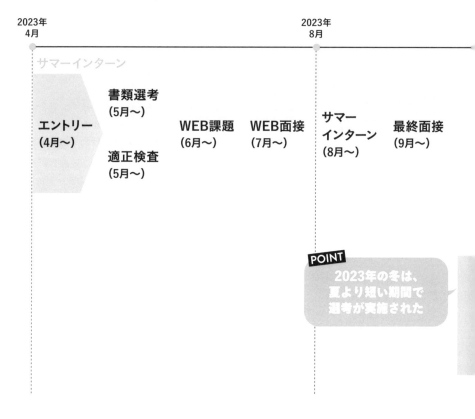

2023年
4月

2023年
8月

サマーインターン

エントリー
（4月〜）

書類選考
（5月〜）

適正検査
（5月〜）

WEB課題
（6月〜）

WEB面接
（7月〜）

サマー
インターン
（8月〜）

最終面接
（9月〜）

POINT

2023年の冬は、
夏より短い期間で
選考が実施された

インターンの魅力

少人数での疑似体験×社員との交流

　選考課程の一環として8月と1月にそれぞれ3日間実施。WEB課題やWEB面接を通過した候補者は、2〜3人でチームを組んで、課題に取り組みます。ひとつのプロジェクトを主体者として動かすことで、若手の裁量が大きいADLでの働き方を体感できます。また、若手社員から最高役職であるパートナーまで、さまざまな立場の社員との接点をインターンの期間中に多く設けているという特徴があります。

過去の新卒採用のスケジュールを参考に、
就活計画を立てましょう。

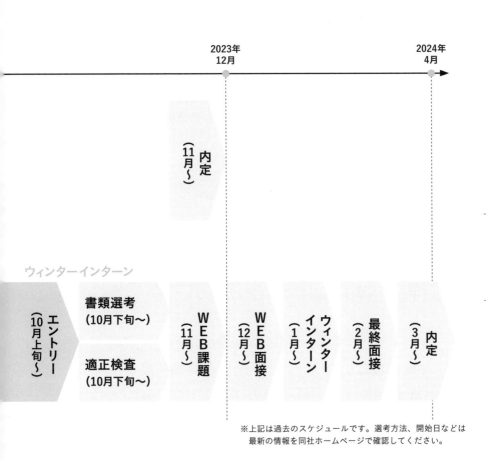

※上記は過去のスケジュールです。選考方法、開始日などは
最新の情報を同社ホームページで確認してください。

求める人材像

世の中に働きかけたいという思いが強い人

　ロジックだけでなく本質を大切にできるか、そして「コンサルを通じてこういうことをやりたい」といった思いがどれだけ強いかを非常に重要視しています。コンサルを通じて日本企業の成長に役立ちたい、自分自身が携わっていた技術が世に出ていくためのしくみづくりをしたい、といった思いをもって仕事ができるような、"ADLとのフィット感"のある人にぜひ参画してほしいと思っています。

＼ テ ク ノ ロ ジ ー の 力 で ビ ジ ネ ス 課 題 を 解 決 ／

アクセンチュア

テクノロジーの力を活用してまだ見ぬ未来を実現する、世界最大級の総合コンサルティング企業。世界120カ国以上の企業や公的機関のビジネス課題解決のため、幅広いサービスを提供しています。

アクセンチュアを理解するための3つのポイント

Point
① … End to Endでクライアントを支援

戦略を形にして終わりではなく、戦略から実行までEnd to Endでクライアントを支援できる体制がアクセンチュアの最大の強み。戦略立案後は保守・運用まで手掛け、さらにそこで見えてきた課題の解決に取り組むというサイクルを回し続け、長期的な支援を行っています。

Point
② … 自分らしいキャリアが築ける異動制度

世界中の拠点で募集中のポジション情報が掲載される社内ツール「キャリアズ・マーケットプレイス」を使って、社員はいつでも自由に検索し、異動を申し込むことができます。エンジニアからコンサルタントへの職種異動や、国内の異動はもちろん、日本から海外のオフィスに所属を移すことも可能。

Point
③ … 入社時からメンターがついて成長をサポート

入社時からすべての社員に、業務上の上司とは別にピープルリードと呼ばれるメンター社員がつきます。仕事のことはもちろん、将来のキャリアパスについても相談でき、長期的なキャリア構築をサポート。また、ピープルリードは自分で選ぶことができるのも特徴のひとつ。アクセンチュアには非常に幅広い仕事とキャリアチャンスがあるため、各社員が自らのキャリアをカスタマイズして構築するのに、有効な制度となっています。

会社名	アクセンチュア株式会社	
本社所在地	東京都港区赤坂1-8-1 赤坂インターシティAIR	
代表者名	江川 昌史	
資本金	国内	3億5000万円
沿革	1953年　創業(グローバル) 1962年　日本事務所開設 1995年　アクセンチュア株式会社設立	
事業内容	「ストラテジー & コンサルティング」「テクノロジー」「オペレーションズ」「インダストリーX」「ソング」の5つの領域で幅広いサービスとソリューションを提供	
売上高	グローバル	641億USドル(2023年9月時点)
	国内	非公表
従業員数	グローバル	約7万3000人(2023年9月時点)
	国内	約2万1000人(2023年6月時点)
拠点数	グローバル	49カ国200都市以上
	国内	10都道府県

採用ページ(2024年2月時点)

STEP1

スマートフォンなどで下記のQRコードを読み取ると、同社の採用ページにアクセスします。

STEP2

採用ページにアクセスしたら、エントリーに進めます。

課題解決に向けて協力し合う

**アクセンチュア株式会社
ビジネス コンサルティング本部**
北島紗恵さん

2019年に早稲田大学創造理工学部を卒業後、アクセンチュアに新卒入社。テクノロジー コンサルティング本部で小売業界の業務改革に従事。その後、ビジネス コンサルティング本部に異動、行政のスマートシティ事業などを推進。

──アクセンチュアへの入社の決め手を教えてください。

北島　大学では社会環境工学科で、土木や都市計画、交通計画を学びました。新卒でアクセンチュアに入社し、テクノロジー コンサルティング本部の小売業界を担当する部署で、小売2社の業務改革に携わりました。その後、公共サービスに関するビジネスコンサルティングに携わりたく、異動しました。現在は**行政のスマートシティ事業推進やインバウンド観光戦略の調査・策定などに携わっています。**

　在学時から、土木や都市の分野とテクノロジーを掛け合わせた新たな取り組みの創出や、その分野の業務改革など、業界全体の価値を高める仕事に就きたいと考えていました。それに加えて、**キャリアステップを自分で考えて選択できる環境があり、柔軟な働き方を支える制度が整備されている企業を希望していた**ところ、アクセンチュアが条件に当てはまったため入社を決めました。

──現在どのような仕事に取り組んでいますか。

北島　ある自治体のスマートシティ推進事業に携わっています。複数社が連携する**スマートシティ推進機構の運営・管理や、自治体として推進するスマートシティ関連事業の構想検討・推進を行っています。**事業推進にあたっては、他自治体や諸外国の関連事業などの市場調査の上、自治体の課題や目指す姿を踏まえて構想を検討し、関係者へのヒアリング

などを通して構想をブラッシュアップさせていきます。例えば、まちづくりの観点で、まちの情報を住民や事業者が見られるようなサービスの構築や、都市OS（都市のインフラを動かす基盤となるプラットフォーム）の構築やデータ活用などの構想を検討しています。

──アクセンチュアの社風や文化について教えてください。

北島 上司やお客様に対しても、憶さずに自分の意見をしっかり言う文化があります。黙っているより**発言したほうがよいとされている社風なので、フランクに意見を言い合っていますし、それを受け入れてもらえる環境でもあります**。また、声を上げれば部署間の異動も可能です。そういった意味でも、積極的にさまざまな人に話を聞く、発信していくことで自分の求めるキャリアを掴むことができる会社だと思います。

　ライバル同士で殺伐としているような雰囲気ではなく、課題解決にどう立ち向かうのか話し合ったり考えたりしながら、協力し合って和気あいあいと仕事をしています。

──アクセンチュアで活躍している社員にはどんな人が多いですか。

北島 **上司からの指示を待たずに積極的に動ける人や、自分で考える力がある人が多いように思います**。作業ステップごとに上司と確認しながら進めることもありますし、チーム全体でお客様の課題を解決していく仕事が多いので、協調性のある人、積極的な人が多く活躍しています。

アクセンチュアを志す学生のみなさんへメッセージ

入社後、コンサルタントという仕事には部署やプロジェクトごとにさまざまな働き方、仕事内容があることを実感しました。コンサルタントという仕事や、アクセンチュアに興味をもっていただける方がいれば、一緒に仕事ができたらうれしいです！

アクセンチュア
過去の 新卒採用 スケジュール

▶ **2023年（2025年卒対象）のエントリーから内定までの流れ**

2023年
4月

インターン

エントリーシート （4月頃〜）	グループ ディスカッション （7月中旬〜）	個人面接 （複数回 7月下旬〜）	インターン （8〜10月頃）

POINT
6月と7月の2回、締切がある

プログラムが職種ごとに分かれており、それぞれ3〜6日間実施される

インターンの魅力

インターンを経て自分の成長に気づける

　実際の業務に近い環境で、コンサルタントやエンジニア、デザイナーなど職種ごとに体験できるプログラムが用意されています。現場の社員が、学生の力を引き出せるよう全力でサポートしてくれます。また、個別フィードバックの時間では、自身がインターンの中でどれだけ成長できたのかを知ることができます。

過去の新卒採用のスケジュールを参考に、
就活計画を立てましょう。

2023年
9月

新卒採用選考

エントリーシート
・適性検査
（秋頃〜）

グループ
ディスカッション

個人面接
（複数回）

内々定
（充足しだい終了）

※選考ステップはインターンのプログラムおよび、新卒採用
　職種によって異なります。

※上記は過去のスケジュールです。選考方法、開始日などは
　最新の情報を同社ホームページで確認してください。

求める人材像

未来のアクセンチュアに必要なDNA

　コンサルタントとしての素養である好奇心や論理的思考力はもちろん、「背伸びを
してでも目標へ手を伸ばさずにはいられない」「チャレンジに手加減をしない」「自分
も会社も世の中までも、変えたいと望む」など、求める人材像として10個の「未来の
アクセンチュアに必要なDNA」を定義しています。そんなDNAをもっている人、もと
うと心がけている人を求めています。

＼ 世界中で連携し、より良い社会の構築を目指す ／

EYストラテジー・アンド・コンサルティング

ロンドンを本拠地として、世界各国で会計、税務、コンサルティングなどの事業を展開しているEY。世界の会計事務所ビッグ4の一角で日本ではEYストラテジー・アンド・コンサルティングなどのメンバーファームが運営されています。

EYを理解するための3つのポイント

Point

① より良い社会の構築へ向けてサービスを提供

経営コンサルティングを中心に、各社の財務パフォーマンス改善だけではなく、社会・政府・業界に対する課題設定と解決に向けたプロフェッショナルサービスを提供するEYストラテジー・アンド・コンサルティング。「Building a better working world」をパーパスに掲げ、コンサルティングビジネスを通じてより良い社会の構築を目指しています。

Point

② 国境を超えた連携で価値を創造する

全世界150以上の国・地域に40万人のプロフェッショナルが在籍し、グローバルネットワークが保有するさまざまなナレッジ（知識・資産）を共有。それらを活かし、最先端のコンサルティングビジネスを提供しています。EYに所属するプロフェッショナル同士が、国境を超えてワンチームとしてつながり、クライアントの課題に取り組んでいます。

Point

③ 「業界のコンパス」を目指したコンサルティング

より良い社会の構築に向け、業界に対しての深い知見を持つチームが牽引役となり、各分野でスキルをもつチームとコラボレーションすることにより、「業界のコンパス」となるコンサルティングを提供。社会課題・業界課題の解決志向のアプローチにより、政府や業界を含むクライアントの長期的価値を向上させています。

会社名	EY ストラテジー・アンド・コンサルティング株式会社	
本社所在地	東京都千代田区有楽町1-1-2 東京ミッドタウン日比谷 日比谷三井タワー	
代表者名	近藤 聡	
資本金	国内	4億5000万円
沿革	2010年　前身のEYアドバイザリー株式会社設立 2017年　EYアドバイザリー・アンド・コンサルティング株式会社に社名変更 2020年　EYストラテジー・アンド・コンサルティング株式会社に社名変更	
事業内容	豊富な人材リソースや専門能力の活用、デジタル投資の強化を通じ、日本からアジア太平洋地域、さらには全世界へと事業展開を加速するクライアントに、スピーディーかつ充実したグローバルサービスを提供	
売上高	グローバル	494億USドル（2023年6月）
	国内	非公開
従業員数	グローバル	非公開
	国内	4151人（2023年）
拠点数	グローバル	150カ国以上
	国内	3拠点

採用ページ（2024年2月時点）

（STEP1）

スマートフォンなどで下記のQRコードを読み取ると、同社の採用ページにアクセスします。

（STEP2）

採用ページにアクセスしたら、エントリーに進めます。

Chapter. 3　外資系人気企業の最新採用情報

73

より良い社会の構築へ積極的に取り組む

EYストラテジー・アンド・コンサルティング株式会社
Strategyユニット
早瀬 慶さん

一橋大学商学部卒業後、スタートアップ企業へ入社。同社のIPOを経験したのち、コンサルティング業界へ転身。複数の外資系ファームを経て、現在はStrategyユニットのパートナー兼全社の採用統括責任者。

──入社の経緯を教えてください。

早瀬　複数の外資系ファームでコンサルティング職を経験したのち、現在はEYストラテジー・アンド・コンサルティングのStrategyユニットのパートナーと全社の採用統括責任者を務めています。コンサルティング業界では、一貫して自動車、モビリティに関する分野に携わってきました。これまで海外の多くの国で仕事をしてきましたが、その中でEYが、ユニークで意義のあるプロジェクトに取り組んでいるという印象をもっていました。

　さらに、自分が追及しているモビリティエコシステムの構築と、**EYが掲げているパーパス「Building a better working world ～より良い社会の構築を目指して～」の親和性**を感じ、EYへの入社を決めました。

──現在の仕事内容を教えてください。

早瀬　現在は、**産官学民の連携によって、モビリティ、サステナビリティ、ウェルビーイングの3本柱を実現するエコシステムの構築に取り組んでいます。**

　私が所属しているチームでは、一企業の戦略立案だけではなく、社会課題を解決していくことに焦点を当てています。例えば、複数の中央官庁をまたがる案件で、同時に同じような絵姿をつくり、課題解決に向けて案件同士の連携をつくり上げていくなど、さまざまな業界のプレイ

ヤー同士が同じ課題の解決に向けて伴走し、結果を出すための業務に日々取り組んでいます。案件のテーマによって、食品や医療などほかの分野に特化したチーム、あるいはほかの地域・国の人たちとコラボレーションしながら課題の解決を目指します。

——社風や文化を教えてください。

早瀬　先述したパーパスが共通意識としてあるため、チームや社員同士のコラボレーションや協力が当たり前に行われています。国・地域、部署の枠を超えて、惜しみなく知見を分かち合う組織です。また、社員が幸せでなければ卓越したサービスの提供も、Better working worldの構築もできないと考えており、**クライアントファーストが前提にありながら、メンバーファーストな働き方も積極的に取り入れています。**

——どんな社員が活躍していますか。

早瀬　世間で言われているような、いわゆる「社会課題の構築」ではなく、**社会課題を自分ごととして捉え、自らテーマ設定を行い、その解決に向けて周囲を巻き込んで推進する人**が活躍しています。
　会社で掲げているパーパスにある、「より良い社会の構築」という言葉を体現できるように、年齢や国籍などにかかわらず、仕事に対してオーナーシップをもち、積極的に動くことが大切です。

EYを志す学生のみなさんへメッセージ

EYは社会全体に目を向け、長期的な視点で、目指す未来からバックキャストしながら企業、政府、業界の課題解決を支援するユニークなファームです。より良い社会を構築していくために、Myパーパスを真剣に実現したい方にはぜひ参画いただきたいです。

▶ 2023年（2025年卒対象）のエントリーから内定までの流れ

| 2023年
5月 | | 2023年
7月 |

採用直結型サマーインターン
エントリー
（5月1日〜）

選考は、期間内に順次実施される。

書類選考　適性検査
グループディスカッション
（6月10日〜）

面接
（6月22日〜）

インターンの魅力

学生のキャリア志向に合わせた4つのコース

　キャリアの志向性にあわせ4つのコースがあります。いろいろと経験してから決めたい人向けのBusiness Consultantコース、やりたいことが決まっている人向けの専門コース（Technology、Strategy、M&A）を実施。それぞれ4日間開催され、グローバルでニーズが高まっている社会的インパクトの大きい課題をテーマにしたケーススタディに取り組み、プロジェクトを推進するうえで必要な講義も受講できます。

過去の新卒採用のスケジュールを参考に、
就活計画を立てましょう。

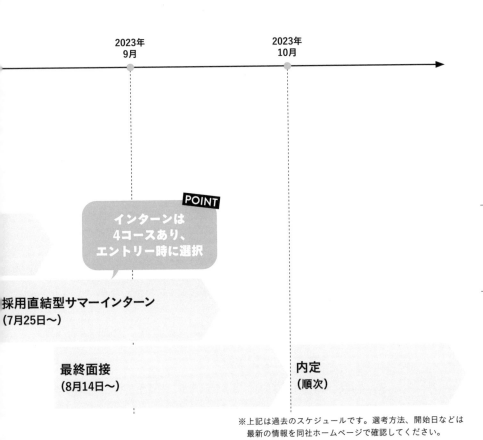

2023年 9月	2023年 10月

POINT

インターンは
4コースあり、
エントリー時に選択

採用直結型サマーインターン
（7月25日〜）

最終面接
（8月14日〜）

内定
（順次）

※上記は過去のスケジュールです。選考方法、開始日などは
最新の情報を同社ホームページで確認してください。

求める人材像

パーパスをベースに積極的な成長ができる

　EYが掲げるパーパス「Building a better working world」を自分ごととして捉え、コンサルティングビジネスを通して、より良い社会の構築に向けて何ができるかを考え続けられる人、グローバルビジネスの最前線に立ちたい人を求めています。業界や市場など、仕事に必要な知識やトレンドに敏感になり、常に学び続け、積極的に成長し続けることが重要です。

＼ 各 国 で 信 頼 さ れ る ア ド バ イ ザ ー ／

A.T. カーニー

シカゴで生まれたコンサルティングファーム。高度な専門性、目に見える成果の実現、顧客企業との密接な協働作業を強みとしており、一流企業や政府系機関を中心とした世界の顧客に高品質のサービスを提供しています。

A.T.カーニーを理解するための3つのポイント

Point
① グローバルに展開するプロフェッショナル戦略ファーム

世界41の国と地域にまたがる71拠点のグローバルネットワークを活用して、「創造と変革」というスローガンのもと、国内外の多様な業界におけるクライアントの戦略策定から戦略実行に向けた全社改革を手掛けています。日本オフィスの売上の7割は戦略系プロジェクトが占めています（2023年11月現在）。

Point
② 世界を見据えたミッション

A.T. カーニー、とりわけ東京オフィスでは、「日本を変える、世界が変わる」というミッションを掲げています。「日本企業のなかから世界の時価総額トップ50に入るような企業を2050年までには20社にする」「日本発のユニコーン企業、世界のロールモデルとなる企業を200社に広げていきたい」という目標に向かって、日系大企業や大型スタートアップへの支援を行っています。

Point
③ 強い個を育成する充実した育成環境

ミッションを実現するためには「創造と変革」を成し遂げる能力をもつ"強い個"が必須と考えているA.T. カーニー。充実した研修制度や育成サポート、中長期でのキャリア展望を見据えた出向制度、留学支援、海外オフィスへのトランスファー（異動）など、継続的に一人ひとりのキャリアと向き合えるテーラーメイドの育成環境にこだわっています。

会社名	A.T. カーニー株式会社	
本社所在地	東京都港区赤坂9-7-1 ミッドタウン・タワー23階	
代表者名	関灘 茂	
資本金	国内	非公開
沿革	1926年　シカゴに設立 1972年　東京にオフィスを開設し、アジアにおける最初の拠点を設立	
事業内容	戦略、オペレーション、ITにいたるまで、高品質なコンサルティングを行う。日本国内では、消費財、小売、ヘルスケア、エネルギー、自動車をはじめとしたさまざまな分野において活発に活動している	
売上高	グローバル	非公開
	国内	非公開
従業員数	グローバル	約5300人
	国内	約270人
拠点数	グローバル	41カ国、71拠点
	国内	1拠点(東京)

採用ページ(2024年2月時点)

STEP1

スマートフォンなどで下記のQRコードを読み取ると、同社の採用ページにアクセスします。

STEP2

採用ページにアクセスしたら、エントリーに進めます。

若手も「個の力」を高められる職場

A.T. カーニー株式会社
マネージャー
H.Y.さん

京都大学農学研究科修了。2017年に新卒でA.T. カーニーに入社
し、中期経営計画の策定・グローバルポートフォリオ戦略・全社
ターンアラウンド・Post-M＆Aにおける経営改革などに従事。

——A.T. カーニーへの入社の決め手を教えてください。

H.Y. **自由と責任を貫く社風と、若手の裁量の大きさです。** 1年目から
ある程度仕事を任され、そこで培われる能力が「個」の強さにつながっ
ていると思います。

　また、入社1〜3年目の若手の先輩社員たちの視座の高さも、入社の
決め手のひとつでした。インターンのときや内定後に先輩社員と会話し
た際に「3年後に何をしたい？」「どういう人になりたい？」「世の中に
どんな価値を届けたい？」と問われ、ほかに就職先として検討していた
日系企業の研究職との対比で衝撃を受けました。

——仕事のやりがいを教えてください。

H.Y. 　かかわる案件は、M＆Aなど、基本的にすべてクライアントの重
要な意思決定にかかわるものです。そのためすべての仕事において等し
くプレッシャーはありますが、一方でこれがコンサルティングのやりが
いでもあると思います。悩み抜いた答えをクライアントに提示して、そ
こでまた討議しながら進めていくので、最後はクライアントとの共同作
品だと思うんです。我々が一方的に投げて終わりというものではなくて、
お互いの意思を込めたものにしていかなければならないなかで、「H.Y.さ
んがいるからできた」と言ってもらったときにはやはりうれしいです。
クライアントが抱える悩みに対して新たな視点を持ち込んだとき、また

実際に日本を代表する企業が、プロジェクトで携わった戦略を実行し、それが世の中に出たときには大きなやりがいを感じます。

──キャリアに関する社内制度はありますか。

H.Y.　社内には出向制度もあり、キャリアを高める機会が整っていると思います。

　私は新卒でカーニーに入社して、非常にやりがいがあり学びの多い日々を送っていましたが、3年目にスタートアップ企業に転職し、プロダクトマネージャーを経験しています。カーニーが嫌になったというわけではなく、今後のキャリアの分岐について悩んでいた時期で、この転職でコンサルティングとは少し違う課題解決のアプローチを学ぶことができました。**「戻ってきて何がしたいのか」ということについて面接やディスカッションを通じてすり合わせを行った上で、2022年にカーニーに再入社しています。**

──A.T. カーニーではどんな人が働いていますか。

H.Y.　**「考えること」がとても好きな人たちだと思います。**戦略案件は答えがあるもの、計算をして明確な正解不正解を出せるものだけではないので、あらゆる可能性を考慮しながら「どれがベストだろうか」「どのオプションを使うとクライアントにとってよいシナリオになるだろうか」といった分岐を考え抜く、こうしたことを楽しめることが大切です。

A.T. カーニーを志す学生のみなさんへメッセージ

若手からのチャレンジを歓迎し、またサポートしてくれる文化が根付いており、拡大が続く業界の中でも「個の力」を磨く環境が整っているファームです。チャレンジ精神旺盛で、とことん考え抜くことが好きなみなさんとご一緒できる日を楽しみにしています！

A.T. カーニー

過去の 新卒採用 スケジュール

▶ 2023年（2025年卒対象）のエントリーから内定までの流れ

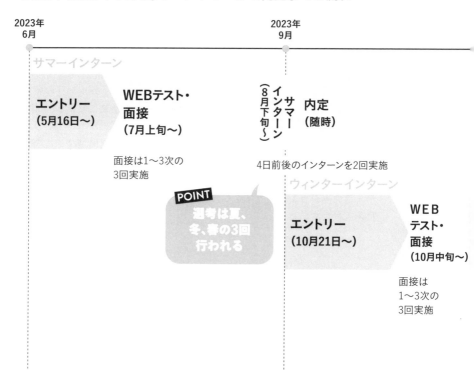

2023年6月

サマーインターン

エントリー
（5月16日〜）

WEBテスト・面接
（7月上旬〜）

面接は1〜3次の
3回実施

2023年9月

サマーインターン
（8月下旬〜）

内定
（随時）

4日前後のインターンを2回実施

ウィンターインターン

POINT
選考は夏、冬、春の3回行われる

エントリー
（10月21日〜）

WEBテスト・面接
（10月中旬〜）

面接は
1〜3次の
3回実施

インターンの魅力

コンサルタントと1on1の議論を通じた"本物"の体験

　A.T. カーニーのインターンは、学生一人ひとりに個別の業界・企業課題を解いてもらう1on1形式で実施されており、採用過程に組み込まれています。インターン中に行うマネージャークラスのコンサルタントとの膝詰めの議論を通じて、"個の強みをもってクライアントに対して価値を出していく"という、A.T. カーニーが実際に行うコンサルティングに近い体験をすることができます。

過去の新卒採用のスケジュールを参考に、
就活計画を立てましょう。

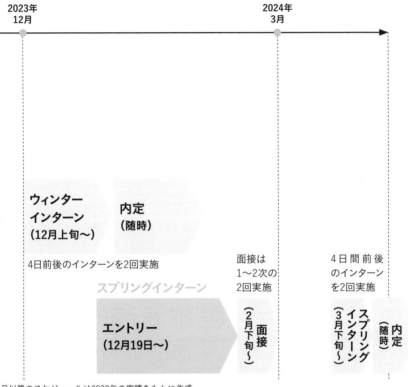

2023年
12月

2024年
3月

ウィンター
インターン
（12月上旬〜）

内定
（随時）

4日前後のインターンを2回実施

スプリングインターン

エントリー
（12月19日〜）

面接は
1〜2次の
2回実施

面接
（2月下旬〜）

4日間前後
のインターン
を2回実施

スプリング
インターン
（3月下旬〜）

内定
（随時）

※10月以降のスケジュールは2022年の実績をもとに作成。
※上記は過去のスケジュールです。選考方法、開始日等は最新の情報を同社ホームページで確認してください。

求める人材像

成長し続ける意欲×能力を他者や社会のために発揮したい人

　A.T. カーニーでは、本人に成長し続けたいという意志がある限り、応援し続けたいと考えています。そのため、知的好奇心などに裏付けられた成長意欲がある人材を求めています。また、自分のためだけに頑張っていくのではなく、培った能力を他者や社会へ還元していきたいという内発的な高い志をもった人を待っています。

＼ 戦 略 立 案 か ら エ ン ジ ニ ア リ ン グ ま で 担 う ／

キャップジェミニ

フランス・パリに本社を置く、欧州大手のコンサルティングファーム。日本では、2013年にキャップジェミニ株式会社として事業所を開設。テクノロジーを強みに、コンサルティングからシステムの設計・開発・運用・保守までを手掛けています。

キャップジェミニを理解するための3つのポイント

Point
① グローバルでワンカンパニー

国の垣根を超えた柔軟なネットワークを基盤に、グローバル視点でクライアントへ最適なノウハウを提供するキャップジェミニ。グローバルに展開するグループの知見やリソースをフル活用して、総合的なコンサルティングを提供しています。

Point
② End to Endで支援するサービス提供

エンジニアリングまでをカバーできるコンサルファームは多くないなか、コンサルティングからエンジニアリングサービスまで一気通貫して提供できるのがキャップジェミニの強み。戦略、IT、エンジニアリングを高いレベルで融合させ、End to Endでクライアントを支援しています。

Point
③ 日本オフィスを自ら発展させていく醍醐味

グローバルには大規模な組織でありながらも、日本事業は拡大フェーズにあり、社内は勢いのある活発な環境です。そのため、社員一人ひとりが多様な案件に取り組み、自身だけでなく会社の成長を実感できます。

会社概要

会社名	キャップジェミニ株式会社	
本社所在地	東京都港区虎ノ門1-23-1 虎ノ門ヒルズ森タワー 22階	
代表者名	代表取締役会長:殿村 真一　　　執行役員社長:保積 弘康	
資本金	国内	非公開
沿革	1967年　創業者のセルジュ・カンプがグルノーブルでキャップジェミニ・グループの前身であるソジェッティを設立 1996年　グループの再編により社名をキャップジェミニに統一 2013年　キャップジェミニ株式会社として事業を開始	
事業内容	戦略、デジタル、グローバルを軸に、戦略から実装までEnd to Endなサービスを提供し、クライアントの持続可能なビジネスの成長を支援	
売上高	グローバル	220億ユーロ(2022年)
	国内	非公開
従業員数	グローバル	約36万人(2022年12月現在)
	国内	非公開
拠点数	グローバル	50カ国以上
	国内	2拠点

採用ページ(2024年2月時点)

STEP1

スマートフォンなどで下記のQRコードを読み取ると、同社の採用ページにアクセスします。

STEP2

採用ページにアクセスしたら、エントリーに進めます。

Chapter. 3　外資系人気企業の最新採用情報

後発組のおもしろさを体感できる

キャップジェミニ
製造サービス部門
K.Yokomichiさん

大学院で国際政治経済学を専攻後、新卒でキャップジェミニへ入社。現在、製造サービス部門のプランニングチームにシニアマネージャーとして所属。プロジェクトのマネジメントを行う。

──キャップジェミニに入社された経緯を教えてください。

Yokomichi　大学院では国際政治経済学を専攻しており、漠然とグローバルな職に就きたいと考えていました。そこで国際機関や外資系企業を目指して就職活動を行い、新卒でキャップジェミニへ入社しました。

プロジェクトごとに自分で課題を見出し、ストーリーを組み立ててクライアントに提案するというコンサル業務のプロセスに興味をもち、なかでもキャップジェミニは、各グローバル拠点とのコミュニケーションが密に取れていると感じました。**巨大なグローバル・テック企業でもあり、最先端技術や世界各国のノウハウへのアクセス環境も他社より優れていることから、最もスピーディーに成長できそうだと感じたのが入社の決め手です。**

──どのような仕事をされてきましたか。

Yokomichi　新卒で入社すると、まずはコンサルの基礎を学ぶため、議事録をまとめたり、マネージャーが作成したプランをクライアントに提案するための資料として仕上げたりといった業務が中心になります。

とはいえ、入社1年目でもプロジェクトを主導する機会はあって、私も冬頃にあるメーカーの生産リードタイムの短縮プロジェクトの策定を任されました。計算した結果が実際のデータとズレてしまい、必死に工場を歩き回って現場の人たちに話を聞いて乗り越えた経験もしました

が、「**自分で考える**」機会を与えられたのは以後の成長の糧になりました。
　現在はグローバルの各拠点からリアルタイムで情報を収集・分析するデータ基盤導入プロジェクトにおいて、戦略立案から業務要件定義まで一貫してサポートを行っています。また、シニアマネージャーとして、プロジェクトチームの編成や教育にも携わっています。

——キャップジェミニの社風や文化について教えてください。

Yokomichi　キャップジェミニは新卒を大切に育てるという文化があります。私は入社して8年が経ちますが、同期の多くが活躍していますしキャリアをサポートする制度も整っています。**メンター制度も充実しており、温かさを感じる文化です。**
　また、日本はまだ小規模な組織なので社員一人ひとりが担う責任範囲や目標値は高いですが、その分若手から幅広い経験を積んで、成長を感じることができます。

——キャップジェミニで活躍している社員にはどんな人が多いですか。

Yokomichi　当社はまだ発展途上にある会社なので、**ほかのコンサルティングファームとは違うことをしたい、独自性を活かして成長を加速させたいと考える人たちが活躍していますね**。会社の規模を大きくしていくこととクライアントのパートナーとしてサービス提供に注力することの、両方のやりがいがあります。

キャップジェミニを志す学生のみなさんへメッセージ

他社と比べて小規模ではありますが、ゆえにコンサルとしてのやりがいはもちろん、会社の規模を大きくしていく達成感も感じられます。グローバル企業であることを活かして働ける人、コンサルティングワークに興味がある人の応募をお待ちしています！

過去の 新卒採用 スケジュール

▶ **2023年（2025年卒対象）のエントリーから内定までの流れ**

2023年
5月

2023年
8月

全職種

プレエントリー、エントリー、適性検査、書類選考
（5月〜）

ビジネスコンサルタント職

グループディスカッション
（5月中旬〜）

デジタルコンサルタント職

グループディスカッション
（5月中旬〜）

インターン実施（7月上旬〜）

選考（7月中旬〜）

内々定（7月下旬〜）

インターン実施（8月上旬〜）

グループ
ディスカッション
（6月中旬〜）

デジタルコンサルタント職の2ターム目の選考が6月から始まる。

インターンの魅力

実践を意識したワークを通してコンサルの仕事を体験

　ビジネスコンサルタント職のインターンはグループごとに3日間実施されます。各グループに社員2名がつき、サポートを受けながら、提示されたテーマについて最終日にスライドを用いてプレゼンを行います。デジタルコンサルタント職のインターンは1日間で、あらかじめ提示された課題について、グループに分かれてディスカッションしてプレゼンします。

過去の新卒採用のスケジュールを参考に、
就活計画を立てましょう。

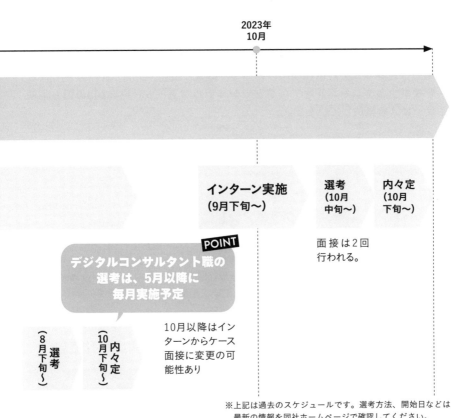

2023年
10月

インターン実施
（9月下旬〜）

選考
（10月
中旬〜）

内々定
（10月
下旬〜）

面接は2回
行われる。

POINT

デジタルコンサルタント職の
選考は、5月以降に
毎月実施予定

選考
（8月下旬〜）

内々定
（10月下旬〜）

10月以降はイン
ターンからケース
面接に変更の可
能性あり

※上記は過去のスケジュールです。選考方法、開始日などは
最新の情報を同社ホームページで確認してください。

求める人物像

主体的な行動で結果を出す

　自ら考え行動を起こせる方を求めています。広い視野を持ちながら、タスクの進め
方を自ら計画・実行する人、自分が必要とするサポートを把握し、さらにそのサポー
トを受けるために能動的に動く力がある人が望ましいでしょう。そうした教養のある
人こそが、責任をもって仕事をこなし、クライアントから信頼されるコンサルタント
になれると考えています。

＼ ク ラ イ ア ン ト と 新 た な 価 値 の 共 創 に 取 り 組 む ／

KPMGコンサルティング

KPMGは世界4大会計事務所のひとつで、監査、税務、アドバイザリーサービスを提供するグローバルなプロフェッショナルファーム。世界143の国と地域でサービスを提供しています。

KPMGコンサルティングを理解するための3つのポイント

Point
①…4つの観点でクライアントに寄り添う

複数の選択肢を中立的に提案する「中立性」、グローバルネットワークを活かす「グループ力」、クライアントの潜在的な課題解決・競争力強化のために先進テクノロジーを活用してクライアントに提案する「デジタル」、業界に潜むリスクに対応する「リスク観点」。これら4つを掛け合わせ、クライアントに寄り添い、変革を支援しています。

Point
②…コンサルタント自ら新たな価値の創造に取り組む

クライアントが直面している課題に向き合うと同時に、より大局的な視点・視座に立ちながら、業界、社会全体の革新的な成長を提案しているKPMGコンサルティング。インパクトのある社会変革を実現するために、社会課題や変革テーマ、成し遂げたい本質課題を、コンサルタント自ら考え抜き、行政や企業、団体や消費者に共創をもちかけ、新しい価値の創造に取り組んでいます。

Point
③…独自の研修プログラムで市場価値を高める

独自の研修プログラムでは、研修と実践を交互に行うことで自分の成長を実感し、研修で学んだことをすぐに現場で生かすことができます。プログラムを通して変化とイノベーションを推進するマインド・スキルを学ぶことで、マーケットにおける自分の価値を高められます。

会社名	KPMGコンサルティング株式会社
本社所在地	東京都千代田区大手町1-9-7 大手町フィナンシャルシティ サウスタワー
代表者名	宮原正弘
資本金	国内　1億円
沿革	2014年　KPMGコンサルティング株式会社設立
事業内容	グローバル規模での事業モデルの変革や経営管理全般の改善をサポート。事業戦略策定、業務改革、収益管理能力の向上、ガバナンス強化、リスク管理、IT戦略策定・導入支援、組織人事変革、サイバーセキュリティなどに関するアドバイザリーを提供
売上高	非公開
従業員数	1795人（2023年7月1日現在）
拠点数	4拠点

採用ページ（2024年2月時点）

STEP1

スマートフォンなどで下記のQRコードを読み取ると、同社の採用ページにアクセスします。

STEP2

採用ページにアクセスしたら、エントリーに進めます。

Chapter. 3　外資系人気企業の最新採用情報

91

自ら考え抜いて新たな価値をつくる

KPMGコンサルティング株式会社
ビジネスイノベーションユニット
白坂龍弥さん

東京工業大学大学院、物質理工学院卒。2021年にKPMGコンサルティング
に入社し、ビジネスイノベーション(BI)ユニットにて、企業の戦略策定や自
治体のスマートシティ構想策定など、官民問わず複数の案件に従事。

──KPMGコンサルティングへの入社の経緯を教えてください。

白坂　東京工業大学の大学院を卒業したのち、新卒でKPMGコンサル
ティングへ入社しました。KPMGコンサルティングは目先の売上第一主
義ではなく、社員一人ひとりが高い価値をもったコンサルタントの集団
になることを目指しています。就活の際にこの考え方に強くひかれまし
た。また、**ほかのコンサルティング会社に比べて設立からの歴史が浅い**
ということもあり、将来のKPMGコンサルティングをリードする人材と
なる新卒への期待値が高いと感じました。自分の価値を高めつつ活躍で
きる環境だと思い、KPMGコンサルティングへの入社を決めました。

──現在の仕事内容を教えてください。

白坂　現在所属しているBIユニットでは、**従来からのコンサルティング**
ファームのビジネスモデルを超えて、社会課題を直接解決することを目
指す取り組みを行っています。BIユニットのなかには3つの部署があり、
そのなかのソーシャルバリュークリエーション（SVC）という部署のバ
リュートランスフォーメーション（VT）というチームに所属しています。
BIユニットでは、案件を受注するのではなく、自分たちで案件をつくっ
ていくという価値観を大切にしています。現在は「教育」をテーマに学
校教育や採用領域に対して、新しい教育モデルの創造を模索していると
ころです。

──仕事のやりがいを教えてください。

白坂　誰も答えを持ち合わせていない課題について、リサーチをベースにした自分の仮説・アイデアをもとに上司や役員にプレゼンをしながら新たな仮説を構築できた際や、その仮説を社内外に提案して、「ぜひ一緒にやりたい！」と共感を得られたときは、自分の取り組みが前に進んでいると感じ、やりがいになっています。

さらに、つくり上げた新しいビジネスモデルが業界のスタンダードになり、日本や世界の社会課題が解決されていくという、将来的なインパクトの大きさも日々の仕事の活力につながっています。今後、**AIなどにより、コンサルタントに求められるスキルや能力は変わっていくと思いますが、新たな世界の創造がより求められていく**と考えており、その部分に対するアプローチを続けていきたいです。

──KPMGコンサルティングではどんな社員が活躍していますか。

白坂　KPMGにはさまざまなバックグラウンドをもった人が所属しています。新卒で入社した者や外国人、さまざまな業界の事業会社出身者など、一人ひとりがもつ個性や強み、知見・経験を生かして活躍しています。共通して、**今後のコンサルティング業界、ひいては社会の動きをしっかりと捉えつつ、自ら課題を見つけ出し、実行に移せる人が活躍している**と感じています。

KPMGコンサルティングを志す学生のみなさんへメッセージ

コンサルタント職は、考えることが好きであることがとても大事な職業だと思います。誰も答えを持ち合わせていない課題について考え抜いて、新しい常識や新しいアイデアを生み出したい方、これを読んで「おもしろそう！」「自分だったらこうしたい！」と思った方、ぜひ挑戦をお待ちしています！

▶ 2023年（2025年卒対象）のエントリーから内定までの流れ

2023年
4月

2023年
8月

サマーインターン選考

エントリー
（4月）

書類選考・
WEBテスト
（5月）

オンライン
ケース面接
（6月上旬）

グループ
ディスカッション
（6月中旬〜）

エントリー
（5月）

書類選考・
WEBテスト
（6月）

オンライン
ケース面接
（7月上旬）

グループ
ディスカッション
（7月中旬〜）

POINT
エントリーの
時期ごとに分けて
選考が進む

エントリー
（6月）

書類選考・
WEBテスト
（7月）

オンライン
ケース面接
（7月上旬）

グループ
ディスカッション
（7月中旬〜）

サマーインターン実施
（8月〜）

インターンの魅力
実在する企業にビジネス戦略を提案

　サマーインターンは5日間実施され、採用過程に組み込まれています。実在する企業の協力のもと、その企業が実際に抱える課題の解決法や実現したいビジネス戦略を検討します。最終的に企業の事業責任者に検討した戦略を提案するとともにフィードバックを受けられるので、自分の取り組みに対する評価を得ることができます。

過去の新卒採用のスケジュールを参考に、
就活計画を立てましょう。

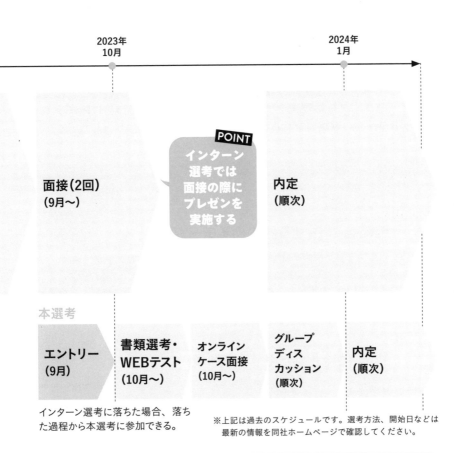

2023年
10月

2024年
1月

POINT
インターン
選考では
面接の際に
プレゼンを
実施する

面接(2回)
(9月〜)

内定
(順次)

本選考

エントリー
(9月)

書類選考・
WEBテスト
(10月〜)

オンライン
ケース面接
(10月〜)

グループ
ディス
カッション
(順次)

内定
(順次)

インターン選考に落ちた場合、落ち
た過程から本選考に参加できる。

※上記は過去のスケジュールです。選考方法、開始日などは
最新の情報を同社ホームページで確認してください。

求める人材像

お互いを尊重し、クライアントに真摯に向き合う

　クライアントが抱える課題を自分ごととして捉え真摯に向き合える方、異なる考え
方や価値観を尊重し、コラボレーションすることで生まれる化学反応を大切にできる
方を求めています。また、相手の意見を素直に受け入れて、柔軟に自分に反映してい
ける成長意欲も大切です。

＼ 少 数 精 鋭 の 戦 略 コ ン サ ル テ ィ ン グ 部 門 ／

PwCコンサルティング合同会社
Strategy&

「経営コンサルタント」という言葉をはじめて使用したとして知られるブーズ・アンド・カンパニーの歴史を受け継ぐStrategy&は、2014年にPwCグローバルネットワークの戦略コンサルティングチームとして誕生しました。

Strategy&を理解するための3つのポイント

Point
① ⋯ 戦略を実現する歴史あるチーム

PwCコンサルティング合同会社で戦略コンサルティングサービスを担うStrategy&は、机上の戦略ではなく、実現可能な戦略を重視しています。前身であるブーズ・アンド・カンパニーの約100年の実績にもとづく高い思考力や先見性を受け継ぎ、クライアントの想いや課題と徹底的に向き合い、成果を実現しています。

Point
② ⋯ 戦略に特化したキャリア形成

Strategy&は戦略コンサルティング部門として、PwC Japanグループの多様な専門チームとの協働を通じて、クライアントに価値を提供しています。組織内での役割分担が明確なため、Strategy&のコンサルタントは戦略テーマにフォーカスしたプロジェクト経験、キャリア形成が可能です。

Point
③ ⋯ 少数精鋭の充実した成長環境

人事評価の客観性を担保するため、中立的な立場の評価者による360度の多面的評価を採用。また、一人あたりの評価に複数の社員・職員が延べ10時間以上を費やし、成長課題と改善アクションを一人ひとりにフィードバックするしくみを設けるなど、本人の成長に向けたサポートが充実しています。

会社名 部門名	PwCコンサルティング合同会社 ストラテジーコンサルティング(Strategy&)	
本社所在地	東京都千代田区大手町1-2-1 Otemachi Oneタワー	
代表者名	服部 真	
資本金	国内	非公開
沿革	1914年 エドウィン・ブーズがシカゴにて事務所を設立し、コンサルティングという職業の先駆けとなる 2014年 ブーズ・アンド・カンパニーが100周年を迎え、グローバルにPwCネットワークの傘下となり、ブランド名をStrategy&に変更 2015年 日本においてプライスウォーターハウスクーパースのストラテジー部門とPwC PRTMがStrategy&に加わる 2016年 日本においてPwCコンサルティングが設立され、Strategy&はそのストラテジーコンサルティングチームとなる	
事業内容	体系的な戦略計画ツールと手法を用いて、競争環境の動向を予測・分析し、クライアントの主要な能力を考慮して、クライアントが迅速に業績を向上させ、成功のためのポジショニングをとることを支援	
売上高	グローバル	非公開
	国内	非公開
従業員数	グローバル	非公開
	国内	約3000人(PwCコンサルティング)
拠点数	グローバル	151カ国
	国内	1拠点(PwCコンサルティング)

採用ページ(2024年2月時点)

STEP1

スマートフォンなどで下記のQRコードを読み取ると、同社の採用ページにアクセスします。

STEP2

採用ページにアクセスしたら、エントリーに進めます。

新卒から能動的に提言できる

**Strategy&
ディレクター**

菅原聖史さん

PwCコンサルティング、Strategy&のディレクター。東京大学工学部卒、東京大学大学院工学系研究科修了。新卒でブーズ・アンド・カンパニー（現Strategy&）に入社。

——Strategy&を選んだ経緯を教えてください。

菅原　サマーインターンに参加し、戦略コンサルティングの仕事のおもしろさ・深さと、Strategy&の雰囲気に惹かれたことが入社の決め手になりました。ケースワークや懇親会でお会いしたコンサルタントの方々は**フラットに意見を聞き、積み上げ型で議論してくれたのですが、そこにお互いをリスペクトしあう文化や、穏やかで温かい雰囲気を感じる**ことができ、このような人たちと一緒に働きたいと思いました。入社後、主に消費財・小売業界を中心に、成長戦略、チャネル戦略、レベニューグロースマネジメント（取引条件・販促費最適化）、オペレーション・組織改革、サステナビリティ戦略などの幅広いテーマのコンサルティングを経験しています。

——現在の仕事内容を教えてください。

菅原　クライアントワークとしては、**消費財・小売セクターのシニアメンバーとして、飲料メーカーや化粧品メーカーを中心に、チャネル戦略やサステナビリティ戦略などの支援や、シニアエグゼクティブとのリレーション強化・ディスカッションを実施**しています。
　クライアントワーク以外では、採用チーム（新卒採用、中途採用）を統括する立場として、採用計画のプランニングや、採用にかかわる各種イベントの企画・実施などに携わっています。

——Strategy&の雰囲気について教えてください。

菅原　マチュア（成熟した）な雰囲気があります。チーム全員の顔と名前が一致する規模感のため、互いに強みを理解しながらリスペクトしており、サポーティブな環境が成り立っています。Strategy&には部門独自の360度評価制度があり、そのおかげで、個々の育成重視のカルチャーが醸成されていますね。**互いを蹴落とすような厳しさではなく、よい緊張感とアットホームさのバランスが取れた雰囲気です。**

　また、PwC Japanグループの手厚い福利厚生を活用できるため、年間25日の有給休暇・リフレッシュ休暇はもちろんのこと、産休・育休も男性含めて取得率が高いなど、多様な働き方が根付いています。

——Strategy&で活躍している職員にはどんな人が多いですか。

菅原　自らリスクを取れる、チャレンジ精神の高いメンバーが活躍しています。Strategy&は少数精鋭の組織であるため、プロジェクトチームにおけるジュニアメンバーの構成比も高く、より早いタイミングから大きな役割・権限を与えられています。そのため、**自らスタンスを取ってクライアントへ能動的に提言・議論を行うことが新卒1年目から推奨**されています。成功・失敗の両面でさまざまなチャレンジ経験を早期に積み重ねたメンバーが、より成長・活躍しているように思います。

Strategy&を志す学生のみなさんへメッセージ

戦略コンサルタントはクライアントの成長へ向けて夢を語れる、ポジティブな職業です。また、Strategy&には戦略コンサルタントとしての成長にフォーカスできる環境が整っています。私たちと一緒にクライアントの夢を実現へと導いていく仲間を、心からお待ちしています！

Strategy&
過去の 新卒採用 スケジュール

▶ **2023年（2025年卒対象）のエントリーから内定までの流れ**

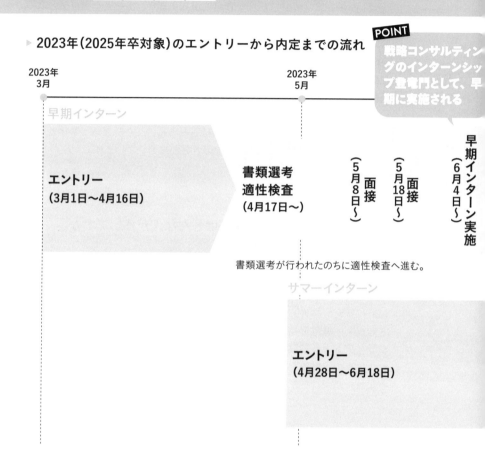

POINT
戦略コンサルティングのインターンシップ登竜門として、早期に実施される

2023年
3月

2023年
5月

早期インターン

エントリー
（3月1日〜4月16日）

書類選考
適性検査
（4月17日〜）

面接
（5月8日〜）

面接
（5月18日〜）

早期インターン実施
（6月4日〜）

書類選考が行われたのちに適性検査へ進む。

サマーインターン

エントリー
（4月28日〜6月18日）

インターンの魅力

Strategy&をより深く知り、スキルアップできる3日間

　インターンは東京にて3日間、対面で実施。実践的な課題にチームで取り組みます。コンサルティング業務の疑似体験を通じて、PwCコンサルティングのStrategy&をより深く知ることができます。参加者には個別にフィードバックが実施され、自身のスキルアップや今後のキャリア形成にも活かせるプログラムです。優秀者には本選考への優先案内があります。

過去の新卒採用のスケジュールを参考に、
就活計画を立てましょう。

2023年
8月

早期インターン実施
（6月25日〜）

選考
（6月下旬〜）

内定
（7月上旬〜）

書類選考
適性検査
（6月19日〜）

面接
（7月10日〜）

面接
（7月24日〜）

サマーインターン実施
（8月20日〜）

サマーインターン
実施
（9月3日〜）

選考
（8月下旬〜）

内定
（9月上旬〜）

書類選考が行われたのち
に適性検査へ進む。

※上記は過去のスケジュールです。選考方法、開始日などは
最新の情報を同社ホームページで確認してください。

求める人材像

合言葉は「Sleeves rolled up（腕まくりをして）」

社会や企業が抱える課題は急速に変化・複雑化しています。このような課題を乗り越えるには、ベストな解を戦略的視点から考え抜く思考力と、社内外のさまざまなメンバーを巻き込み実行へとつなげる推進力が重要です。私たちは「腕まくりをして」諦めずにチャレンジできるメンバーを求めています。

\ 監 査 ・ 税 務 も 手 掛 け る 総 合 力 の 高 さ が 強 み /

デロイト トーマツ コンサルティング

世界最大規模の会計事務所である**デロイト トウシュ トーマツ**の一員として、日本でコンサルティングサービスを提供。経営戦略やIT**など、多岐にわたる分野においてコンサルティングサービスを提供しています。

デロイト トーマツ コンサルティングを理解するための3つのポイント

Point

①… グローバルネットワークを生かした知見と実行力

デロイトの一員として日本でのコンサルティングサービスを担うデロイト トーマツ コンサルティング（DTC）。監査・保証業務、リスクアドバイザリー、コンサルティング、ファイナンシャルアドバイザリー、税務、法務を手掛ける総合力と世界各国に広がるネットワークを活かし、あらゆる組織や機能に対応。戦略立案から実行まで一貫して支援しています。

Point

②… ビジネスパートナーとしてクライアントと伴走

戦略構想からオペレーション実行までをEnd to Endで支援。ビジネスパートナーとしてクライアントとの関係を築き、伴走していくことで、業界構造そのものに変革を与え、日本が抱える社会課題を解決しています。

Point

③… 上司から直接フィードバックをもらえるCheck in制度

DTCの人材育成の特徴は、人材をいかに大切に育てていくかにフォーカスしている点。バックグラウンドを問わず、成長著しいテクノロジーやデジタル分野でのスキル獲得のプログラムが充実しています。また、2週間に1回、上司と面談を行うCheck in制度では、実際の業務に照らしてタイムリーなフィードバックを受けることができるので、成長スピードも早くなります。

会社名	デロイト トーマツ コンサルティング合同会社	
本社所在地	東京都千代田区丸の内3-2-3 丸の内二重橋ビルディング	
代表者名	佐瀬真人	
資本金	国内	5億円
沿革	1968年　等松・青木・津田・塚田・青木・宇野・月下部会計事務所設立 1990年　トウシュ ロス インターナショナルがデロイト ハスキンズ アンド セルズ インターナショナルと合併、デロイト ロス トーマツ インターナショナル(現デロイト トウシュ トーマツ リミテッド(DTTL)に名称変更 1993年　トーマツ コンサルティング株式会社設立(現：デロイト トーマツ コンサルティング合同会社)	
事業内容	提言や戦略立案から実行まで、一貫したコンサルティングサービスを行う。デロイトトーマツグループで有する、監査・保証業務、リスクアドバイザリー、税務・法務の総合力と国際力を活かし、あらゆる組織・機能に対応したサービスが可能	
売上高	グローバル	593億USドル(デロイト グローバル全体、2022年)
	国内	3129億9300万円(デロイト トーマツ グループ全体、2022年5月期)
従業員数	グローバル	約40万人
	国内	5263人　(DTC単体 2023年5月末)
拠点数	グローバル	約150カ国
	国内	39拠点

採用ページ(2024年2月時点)

STEP1

スマートフォンなどで下記のQRコードを読み取ると、同社の採用ページにアクセスします。

STEP2

採用ページにアクセスしたら、エントリーに進めます。

他社と違う独自のコンサルを提案できる

デロイト トーマツ コンサルティング
g-DE Unit
長瀬文菜さん

東京大学法学部卒。2020年にデロイト トーマツ コンサルティングに入社し、ET&P Div. g-DE UnitにてERPシステム導入プロジェクトに携わる。

──DTCに入社した経緯を教えてください。

長瀬　大学時代は法曹か研究職を目指していたのですが、「働く」ということを考え直した結果、民間企業に就職することにしました。デロイト トーマツ コンサルティング（DTC）への入社の決め手は、企業パンフレットや面接などを通して多様性を尊重する文化が根付いていると感じられたことです。就活の際には、コンサルティング業界に限らずさまざまな業種を受けていましたが、インタビュー記事でLGBTQ＋社員が「自分たちのことを嫌だと思う人がいてもいい」と答えていたのを見たり、面接で自分のライフプランを話したときに、「へー、いいね」と受け止めてくれたんです。**いろいろな生き方を当たり前のように受け入れ、尊重している文化を感じ、この会社なら長く働けると思い、2020年に新卒で入社しました。**
　入社してからは研修後に配属された部署にそのまま所属しています。2度の昇格を経て、次はマネジャーを目指しているところです。

──どのような仕事をされてきましたか。

長瀬　資料作成という業務を例に取って説明すると、入社時はアナリストとして、職責上位者の資料づくりを手伝っていました。コンサルタントに昇格すると、自分自身の判断で主体的に資料やスライドを作成することが増えました。今はシニアコンサルタントとして、より大きな視点でテーマ設定や資料全体の構成を考える役割を担っています。私は現在、

食品業界のクライアントにSAPというシステムを導入するプロジェクトに携わっています。これまでデータ移行や課題検討などさまざまなタスクを担当してきましたが、直近ではシステムの**テストを進めつつ、サブリードとしてメンバーのマネジメントを担当する**ようになりました。

──DTCの社風や文化について教えてください。

長瀬　適度にウェット、かつドライだと感じています。現在はほぼフルリモートですが、月に1度の出社日に同僚と対面したときは、他愛もないおしゃべりを多くするよう心がけて、積極的なコミュニケーションをとります。また、育児で在宅勤務中のメンバーから「反応が遅れます」とメッセージが来ても「了解です」と普通に返すような、**お互いの状況を受け入れた、適度な距離感が保たれています**。

──仕事のやりがいを教えてください。

長瀬　システムの構築は要件が曖昧だと形にできないので、現場の方々から実務について詳細な話を伺います。システム業務とクライアントへのヒアリングを両立する作業はとても苦労しますが、その過程で**クライアントの業務だけでなく、業界や社会全体への解像度が上がり、いろいろなものが見えてきて、とてもおもしろいですね**。また、解像度が上がることでクライアント目線でのシステム開発や、無駄のないヒアリングができるようになったときには、特に成長ややりがいを感じます。

DTCを志す学生のみなさんへメッセージ

一度もやめたいと思ったことはないくらい、DTCが自分に合っている環境だと感じています。ぜひ、みなさんも自分に合う道を見つけてほしいです。それがDTCへの就職でなくても、素敵な道はたくさんあるので、自分に正直に、たくさん悩んでいただきたいです。

デロイト トーマツ コンサルティング
過去の 新 卒 採 用 スケジュール

▶ 2023年(2025年卒対象)のエントリーから内定までの流れ

2023年 3月	2023年 7月	2023年 9月

インターン

プレエントリー
Webテストおよび
エントリーシート
(5月中旬〜)

プレエントリー期間中にWEB
テストの受験とエントリーシー
トの提出が必要。

1次面接
(5月下旬〜)

2次面接
(6月上旬〜)

インターン
実施
(8月および9月)

ウィンタージョブ

エントリー
Webテストおよび
エントリーシート
(〜9月中旬)

インターンの魅力

現役コンサルタントの考え方を直接学べる

　インターンは3日間にわたって開催されます。初日にまずDTCの説明や、ロジカルシンキング、リサーチの講義が行われます。その後、実際のプロジェクトで扱っているテーマをもとに、コンサルタントの疑似体験ができます。社員がアドバイザーとして参加するので、コンサルタントの視点や考え方を直接学べます。また、社員と交流する場も用意されており、会社の雰囲気に触れることができます。

過去の新卒採用のスケジュールを参考に、
就活計画を立てましょう。

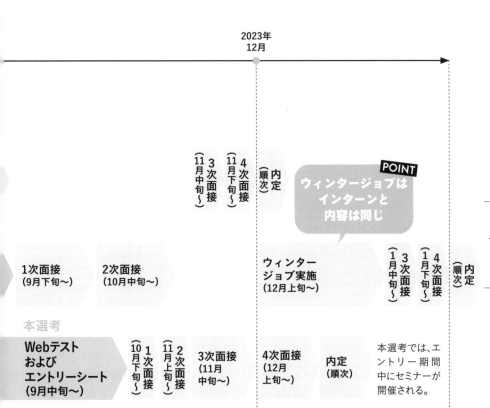

2023年
12月

3次面接
（11月中旬〜）

4次面接
（11月下旬〜）

内定
（順次）

POINT
ウィンタージョブは
インターンと
内容は同じ

1次面接
（9月下旬〜）

2次面接
（10月中旬〜）

ウィンター
ジョブ実施
（12月上旬〜）

3次面接
（1月中旬〜）

4次面接
（1月下旬〜）

内定
（順次）

本選考

Webテスト
および
エントリーシート
（9月中旬〜）

1次面接
（10月下旬〜）

2次面接
（11月上旬〜）

3次面接
（11月中旬〜）

4次面接
（12月上旬〜）

内定
（順次）

本選考では、エ
ントリー期間
中にセミナーが
開催される。

※上記は過去のスケジュールです。選考方法、開始日などは
最新の情報を同社ホームページで確認してください。

求める人物像

インプットやチームワークを大切にする

　自分の知らない業界にいきなりプロジェクトで入ることも多いので、自分からインプットできる人、学習意欲がある人を求めています。また、クライアントのニーズも変化しているので、ビジネストレンドに対して関心を向け、日々自らトレンドを追う力も必要になります。チームで動く仕事ですので、自分の能力を客観視してチームに貢献する、困っているメンバーへのサポートを能動的に行えることも重視しています。

\ 戦 略 の 策 定 か ら 実 行 ま で を 担 う /

PwCコンサルティング

経営戦略の策定から実行まで、総合的なサービスを提供するPwCコンサルティング合同会社。PwCグローバルネットワークと連携しながら顧客の経営課題の解決に取り組み、グローバル市場での競争力強化を支援しています。

PwCコンサルティングを理解するための3つのポイント

Point

① 各国のメンバーファームが対等につながる

世界151カ国にグローバルネットワークを展開しており、36万人を超えるプロフェッショナルスタッフがクライアントの課題解決に従事。すべての国のメンバーファームが対等な関係であり、Ｐ ｗ ＣＪapanグループの各法人も独立して事業を展開しています。

Point

② 業種別、ソリューション別の専門家が連携

それぞれの専門性を活かしながらクライアント、ひいては社会の課題に対してスクラムを組んで解決しています。また、この多様な専門性を最大限発揮できるようにLGBTQ+、子育て世代などそれぞれのコミュニティが社内に存在し、誰でも参加し、協力し合えるしくみがあります。

Point

③ 一人ひとりのキャリアに寄り添うコーチング制度

すべての社員にコーチが割り当てられます。コーチはキャリアアドバイザーの役割を担い、先輩社員が担当します。一人ひとりに応じたケアを実施し、短期的な育成だけでなく、将来のキャリアに目を向け、対話を通じて希望するキャリアの実現をサポートします。

会社名	PwCコンサルティング合同会社	
本社所在地	東京都千代田区大手町1-2-1 Otemachi One タワー	
代表者名	大竹伸明	
資本金	国内	非公開
沿革	1849年　サミュエル L. プライスがロンドンで事業を開始 1874年　名称をプライス・ウオーターハウス& Coに変更 2016年　組織改変を行いPwCコンサルティング合同会社を設立	
事業内容	戦略策定から実行・実現までを総合的に支援。自動車、製造、エネルギー分野から消費財、公共サービスなど多様な業界のクライアントに、各領域の専門家とグローバルネットワークを活用して、コンサルティングサービスを提供	
売上高	グローバル	531億USドル
	国内	2279億円(2022年度、PwC Japanグループ)
従業員数	グローバル	36万4232人(2023年6月30日現在)
	国内	約4500人(2023年6月30日現在)
拠点数	グローバル	151カ国
	国内	4拠点

採用ページ(2024年 2 月時点)

STEP1

スマートフォンなどで下記のQRコードを読み取ると、同社の採用ページにアクセスします。

STEP2

採用ページにアクセスしたら、エントリーに進めます。

他者の評価と向き合い成長していく

PwC Japan合同会社
新卒採用チーム
小關悠里さん

法政大学大学院経営学研究科キャリアデザイン学専攻卒。PwC Japan合同会社入社後は同グループのStrategy＆やデジタルコンサルタント職の採用担当を経てチームマネージメントに従事。

——入社に至るまでの経緯を教えてください。

小關　新卒でベンチャー企業の海外事業部に勤務し、その後、総領事館勤務や起業を経験した後、海外採用支援などを経て、2017年にPwC Japan合同会社に入社しました。以降、PwCコンサルティングの新卒採用に携わっています。**コンサルティングという無形商材を取り扱うプロフェッショナルの採用業務にやりがいを感じ、責任をもって取り組める**と思ったのが、入社を決めた理由です。加えて、選考を通して接したPwCの人たちから温かさを感じたのも決め手となりました。

入社後はPwCコンサルティングのデジタルコンサルタント職や戦略コンサルを専門とするStrategy＆の新卒採用を担当していました。現在は、コンサルティングの新卒採用のマネジメントを行っています。

——具体的な仕事内容を教えてください。

小關　PwCコンサルティングの各職種採用責任者とともに採用数や配属先、求める人材像などを検討しています。夏からイベントやインターンが始まり、平行して秋の選考の準備を進めます。ほかに、入社前には入社手続きや内定者とのコミュニケーションといった業務も加わります。内定式で新入社員と対面し、彼らのやる気に満ちた顔を見たとき、特に採用業務のやりがいを感じますね。また、**前年入社の社員が先輩としてイベントに登壇し、選考に協力してくれる姿もうれしく思っています。**

──PwCコンサルティングの社風や文化について教えてください。

小關　一人ひとりの個性やバックグラウンドを受け入れ、お互いに尊重し合うことのできる文化があります。協働を大切にしながら、安心して意見できる環境ですね。PwCの行動指針に、「care」「work together」という考え方があるのですが、**社員一人ひとりを個人として尊重し、個々のスキルと経験を組み合わせて、チームでクライアントへ価値を提供する**ことを大切にしています。

　また、各社員にコーチ社員がつく、「コーチング」という制度があります。さらにかかわるすべての人からの「360度フィードバック」もあり、成長の機会はとても多く、みなさん、他者からの評価と向き合って成長につなげているように感じます。ほかには、感謝のメッセージとともにギフトポイントを送れる制度もあります。ポイントは好きな商品に交換が可能です。社員同士のレコグニション（承認を送り合う）を促進し、「PwC Values and Behaviors」の実践ができるプログラムです。

──PwCコンサルティングではどんな人が活躍していますか。

小關　クライアントに寄り添って行動できる人、当社の行動規範であるPwC Values and Behaviors（価値観と行動）を体現している人だと思います。また、チームで協業していくので、心配りのできる人や、知的好奇心が旺盛で、新しい知識を吸収することに抵抗がない人も多いです。コンサルタントの仕事はプロジェクトごとに取り組む内容が変わるため、未知の領域でも自ら学び、知識を深めることが求められます。社内の研修制度を活用して自己研鑽をしている人も多いですね。

PwCコンサルティングを志す学生のみなさんへメッセージ

実際の業務を理解するのはなかなか難しい職種なので、まずはインターンに参加して、社員の雰囲気や仕事内容を知ってもらえればと思います。「社会における信頼を構築し、重要な課題を解決する」というPwCのパーパス（存在意義）に共感でき、クライアントの課題解決に取り組みたいと考えている方の応募をお待ちしています。

過去の 新卒採用 スケジュール

▶ **2023年(2025年卒対象)のエントリーから内定までの流れ**

	2023年 3月		2023年 7月		2023年 8月

ビジネスコンサルタント職

| 全職種 | | 適性検査・書類選考 (6月下旬〜) | グループディスカッション (7月上旬〜) | ケース＋個人面接 (7月中旬〜) | インターン (7月下旬〜 |

デジタルコンサルタント職

| エントリー (3月下旬〜6月中旬) | | 適性検査・書類選考 (6月下旬〜) | グループディスカッション (7月上旬〜) | インターン (7月下旬〜) | ケース＋個人面接 (8月上旬〜) |

ITソリューションコンサルタント職

| | | 適性検査・書類選考 (6月下旬〜) | グループディスカッション (7月上旬〜) | ケース＋個人面接 (7月下旬〜) | |

インターンの魅力

実際のコンサルタント業務が疑似体験できる

　インターンシップの内容は職種ごとに異なります。実際の業務の特徴を捉えたコンサルタントの業務を疑似体験できるプログラムを用意しており、プログラムに取り組んだ後は、PwCコンサルティングに所属する現役のコンサルタントから個別のフィードバックを受けられます。

過去の新卒採用のスケジュールを参考に、
就活計画を立てましょう。

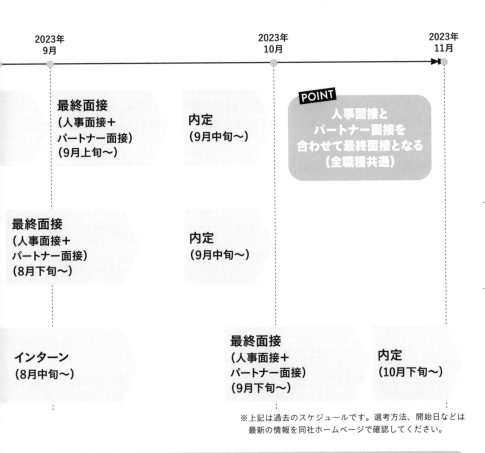

2023年 9月		2023年 10月		2023年 11月
最終面接 （人事面接＋ パートナー面接） （9月上旬〜）	内定 （9月中旬〜）		**POINT** 人事面接と パートナー面接を 合わせて最終面接となる （全職種共通）	
最終面接 （人事面接＋ パートナー面接） （8月下旬〜）	内定 （9月中旬〜）			
インターン （8月中旬〜）		最終面接 （人事面接＋ パートナー面接） （9月下旬〜）		内定 （10月下旬〜）

※上記は過去のスケジュールです。選考方法、開始日などは
最新の情報を同社ホームページで確認してください。

求める人材像

クライアントへの価値創造に向けた意欲をもつ

「クライアントのビジネスパートナーとして共に企業変革を実現したい」という思いをもち、かつ専門的なコンサルティングスキルを身に付けていくことで企業や社会における価値創造を成し遂げたい人を求めています。また、企業、社会の課題は常に変化していきます。何ごとにも好奇心をもちながら日々勉強を重ね、積極的に経験を積み、知識をインプットしていく力が求められます。

＼ クライアントのフルポテンシャルを実現 ／

ベイン・アンド・カンパニー

アメリカ・ボストンに本拠を置く、世界有数の経営戦略コンサルティングファーム。1973年に設立され、現在は40カ国65都市に事業所を展開。東京オフィスは1982年に開設し、日本における多くの大企業の全社変革を支援しています。

ベイン・アンド・カンパニーを理解するための3つのポイント

Point ① 徹底した結果主義でフルポテンシャルを解き放つ

"True North"の精神（常にクライアント、社員、コミュニティに対して正しいことを行う）に則りながら、クライアントが、国内はもとよりグローバル市場でもフルポテンシャルを発揮できるように支援。クライアントとワンチームで、クライアントおよび地域社会の発展のために徹底した結果主義を貫いてプロジェクトを推進しています。

Point ② グローバル共通のキャリア形成ができる

コンサルタント全員が国内外におけるリーディング企業の経営者視点・スキルを獲得し、世界を代表する企業の経営幹部から頼られるアドバイザーを目指します。世界各都市で行われるグローバルトレーニング、海外オフィスで働く機会を与えるトランスファー制度、英語研修制度などが充実。それらを通じて、グローバルに活躍できるキャリアを形成できます。

Point ③ 選び抜かれた人材を徹底的にサポート

個々人の成長を促すためにProfessional Development(PD)チャットとPDアドバイザーといった制度もあり、日々のプロジェクトにおけるコーチングを受けながら長期的なキャリアプランを相談する制度が充実。各企業のOBやOG、現役社員が匿名で企業を評価する米国のサイト「Glassdoor」では、「働きやすい会社」として常に上位にランキングされており、2023年時点で5回にわたって総合1位を獲得した唯一の企業です。

会社名	ベイン・アンド・カンパニー・ジャパン・インコーポレイテッド	
本社所在地	東京都港区赤坂9-7-1 ミッドタウン・タワー37階	
代表者名	Dave Michels（デイヴ・マイケルズ）	
資本金	国内	非公開
沿革	1973年　アメリカ・ボストンにてベイン・アンド・カンパニー設立 1982年　東京オフィス開設	
事業内容	未来を切り開き、変革を起こそうとしている世界のビジネス・リーダーを支援。持続可能で優れた結果をより早く提供するために、さまざまな業界や経営テーマにおける国内外の知識を統合し、外部の厳選されたデジタル企業などとも提携しながらクライアントごとにカスタマイズしたコンサルティングサービスを提供	
売上高	グローバル	非公開
	国内	非公開
従業員数	グローバル	約1万8500人
	国内	約300人
拠点数	グローバル	40カ国65都市
	国内	1都市

採用ページ（2024年2月時点）

STEP1

スマートフォンなどで下記のQRコードを読み取ると、同社の採用ページにアクセスします。

STEP2

採用ページにアクセスしたら、エントリーに進めます。

国内新卒

True North Women Leadership Program

True North Women Leadership Program

この度、ベイン・アンド・カンパニーは、社会に大きなインパクトを与えたいと考えている日本国内の女子学生を対象としたキャリア構築支援プログラムを開催いたします。本プログラムでは、様々な分野で活躍されているリーダーとの交流を通じて、自分らしいキャリアを築き、社会にポジティブなインパクトを与えるために取り得る選択肢・キャリアパスを知る機会を提供いたします。

多様かつインクルーシブな環境で
仲間と共に社会的価値を創造する

ベイン・アンド・カンパニー
海老原利加さん

東京大学大学院工学系研究科修士課程修了。2018年4月に入社し、
小売、製造、消費財などの戦略案件、企業買収案件を担当。2021年に
東京大学特任研究員としてまちづくり関連プロジェクトを推進。

――ベイン・アンド・カンパニーへの入社の経緯を教えてください。

海老原　大学時代に建築事務所でインターンシップを経験した際に、受注企業の視点からだけではビジネス全体の構造が見えにくいことに気付きました。そうした意識のなか、より俯瞰した視点で社会の流れを捉えることができる戦略コンサルの仕事に興味をもち始めました。**語学力（英語）を生かしてグローバルに働くことができ、将来的には海外赴任の選択肢もあること、また、オープンで協力的な企業カルチャーで働きたいと思い、ベインに魅力を感じました。**ベインは他社と比較して、選考過程における面接での議論が白熱して楽しかったですし、面接の合間に面接官の方と交わした雑談などを通して、社風が自分に合っていると感じました。2021年には社内の「エクスターンシップ制度」（ベインを休職して、他社で6カ月を限度に業務経験をする制度）を活用し、東京大学の特任研究員として街づくり関連プロジェクトに従事しました。

――現在の仕事内容を教えてください。

海老原　入社後は小売や製造、消費財など、幅広い業界の大手企業をクライアントとした戦略案件やM&A案件などを担当しました。そこで培った経験でコンサルとしてのベーシックなスキルを身につけ、その後の2021年からの大学での実務経験では、そのスキルを十分に役立てることができたと思っています。また、ベインに戻ってきてからは、今度はそ

の実務経験を戦略コンサルの仕事にフィードバックすることができ、**一連の体験が自分のキャリアに良い影響を与えていると思います。**

──ベイン・アンド・カンパニーの社風や文化について教えてください。

海老原　外資系コンサルというとシビアなイメージがありますが、**ベインは"A Bainie never lets another Bainie fail"という言葉のとおり、助け合いの文化が根付いている会社です。**社員の様々な事情に対してとても協力的で、私も産休・育休に入る前に仕事と子育てを両立している多くの先輩にアドバイスをもらいました。復帰後もチームメンバーをはじめ社内のあらゆる人に日々支えられながらコンサルタントとしての仕事を続けることができています。私もワーキングマザーとしてロールモデルになっていきたいと思っています。

──仕事のやりがいを教えてください。

海老原　戦略コンサルタントとしてクライアント経営層の重要な意思決定に関われること、また自分がその過程に対してインパクトを出せた時にはやりがいを感じますし、なにより日々成長を感じることができてエキサイティングです。普段、チームで連携しながら動きますので、**メンバー間で円滑なコミュニケーションを取りながらプロジェクトが進んでいるときは純粋に楽しいと感じます。**メンバーそれぞれが成長し、自分も含めてチーム力が強くなっていると実感できたときには、「この仕事を選んでよかったな」と心から思えます。

ベイン・アンド・カンパニーを志す学生のみなさんへメッセージ

技術革新や価値観の変化など時代が猛スピードで変わっていく中で、戦略コンサルタントはそうした変化を俯瞰した視点でつぶさに見ながら、変化そのものを体感して仕事ができる数少ない職業だと思います。厳しい世界ですが、相談できる仲間も多い会社です。新しい仲間として一緒に働ける方々との出会いを、心より楽しみにしています。

過去の 新卒採用 スケジュール

▶ 2023年（2025年卒対象）のエントリーから内定までの流れ

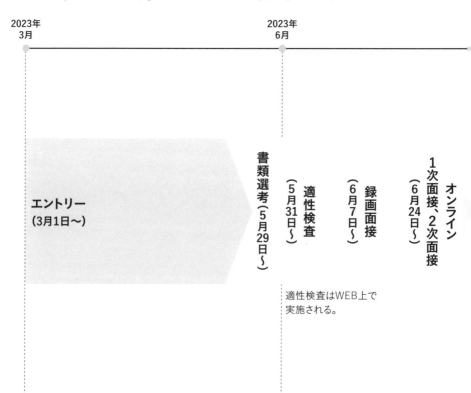

2023年
3月

2023年
6月

エントリー
（3月1日〜）

書類選考（5月29日〜）

適性検査（5月31日〜）

録画面接（6月7日〜）

オンライン1次面接、2次面接（6月24日〜）

適性検査はWEB上で
実施される。

インターンの魅力

「結果主義」のアプローチを体験

　サマーインターンは二次面接を通過した人が対象で、3日間実施されます。パートナー・マネージャーによる講義や実務を模した直接指導のもと、企業経営における戦略的課題の解決、成果の追求に向けたベインのコンサルティングの考え方、アプローチの一端を体験できます。

過去の新卒採用のスケジュールを参考に、
就活計画を立てましょう。

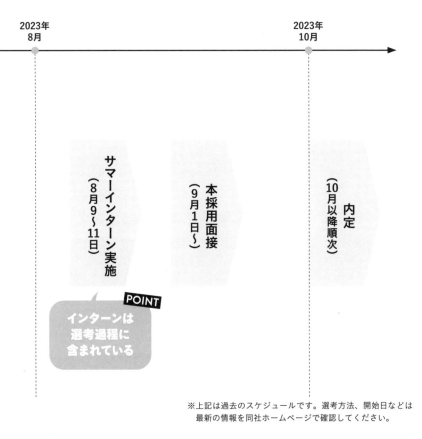

2023年
8月

2023年
10月

サマーインターン実施
（8月9〜11日）

POINT

インターンは
選考過程に
含まれている

本採用面接
（9月1日〜）

内定
（10月以降順次）

※上記は過去のスケジュールです。選考方法、開始日などは
最新の情報を同社ホームページで確認してください。

求める人材像

クライアントに対する「真の結果」を追求できる方

　単に論理的で賢いアドバイスではなく、共感を引き出す力、戦略・運用・組織を横断する思考能力、1＋1＋1を3ではなく5にするチームワーク。「真の結果」の実現に必要な3つの力を重要視しています。

＼ 戦 略 コ ン サ ル テ ィ ン グ の パ イ オ ニ ア ／

ボストン コンサルティング グループ

日本で最も長い歴史を持つグローバル・経営コンサルティング会社のボストン コンサルティンググループ（BCG）。グローバルの知見を活用し、経営改革に 加えて社会課題の解決につながる幅・深さで世界最高水準の質を誇るコンサル ティングが強み。

BCGを理解するための3つのポイント

Point
① 日本で最大の戦略系経営コンサルティングファーム

1963年の会社設立後、3年後には世界2番目の拠点として国内初のグローバル・経営コンサルティングファームとなる東京オフィスを開設。世界で最も成長を遂げており、グローバルのみならず日本国内の産業・クライアントに深く根付き、最大の規模を維持し続けたからこそ、蓄積してきた幅広い経験・ノウハウを活かしたコンサルティングサービスで業界を常にリードしています。

Point
② 最先端でインパクトが大きいCEOアジェンダに挑む

グローバルで多様性に富む多数のタレントが業界・経営機能ごとに最先端の専門的知見を有しており、チーム同士が深く連動することで、AIやサステナビリティなど社会的インパクトをもたらす新しい経営課題においても、迅速・着実に成果に結び付くコンサルティングサービスを提供しています。

Point
③ 世界で活躍するグローバル人材へ成長できる

さまざまな業界・経営機能に関する深い専門性を有しているBCGでは、多岐にわたる業務経験を積み世界で通用する知見・ケイパビリティをもつ人材へと成長できます。さらに、豊富なグローバル案件や多様な海外派遣制度に加え、社員一人ひとりに合わせたキャリア実現のサポートが整備されています。これらの理由などからOpenwork社「働きがいのある企業ランキング2023」では、全業種の1位に選出されています。

会社名	ボストン・コンサルティング・グループ合同会社	
本社所在地	東京都中央区日本橋室町3-2-1 日本橋室町三井タワー25階	
代表者名	秋池玲子　内田有希昌(共同代表)	
資本金	国内	5000万円
沿革	1963年　ボストン コンサルティング グループ設立 1966年　東京オフィス設立	
事業内容	世界的な経営コンサルティングのパイオニアとして、戦略策定や組織改革など経営トップが抱える課題解決に携わる。近年ではAIやサステナビリティなど最先端で社会的インパクトが大きいCEOアジェンダに対峙している	
売上高	グローバル	非公開
	国内	非公開
従業員数	グローバル	約3万人
	国内	非公開
拠点数	グローバル	50カ国100拠点以上
	国内	5拠点

採用ページ(2024年2月時点)

STEP1

スマートフォンなどで下記のQRコードを読み取ると、同社の採用ページにアクセスします。

STEP2

採用ページにアクセスしたら、エントリーに進めます。

目指すキャリアに沿った挑戦ができる

ボストン コンサルティング グループ
コンサルタント
加藤木文菜さん

ロンドン・スクール・オブ・エコノミクスにて修士号を取得後、
2020年4月にボストン コンサルティング グループに新卒入社。
2022年からは1年間、BCGナイロビオフィスでの勤務も経験。

──BCGへの入社の決め手を教えてください。

加藤木　大学では女性やジェンダー、難民など人権に特化した社会政策について研究をしていたこともあり、国際開発援助に関心がありました。卒業後はそうした国際的な支援機関で働くことを考えていましたが、近年は国際機関と民間企業との連携が活発に進んでいることを知りました。

BCGでは、**ビジネスサイドの経験やプロジェクトマネジメントなどのスキルセットをスピーディーに学ぶことのできる環境や、グローバルな仕事ができる環境が整っています。何より国際機関とも連携し、ソーシャルインパクトの創出に力を入れている点が魅力的だと思い、入社を決めました。**

──現在の仕事内容を教えてください。

加藤木　ある国際機関が支援している、東南アジアの鉄道会社のイノベーションラボの立ち上げ支援に携わっています。イノベーションラボとは、社内でのデータやデジタルツールの活用を推進し、既存事業の改革や新規事業開発につなげるための社内プロジェクトのアイデア出しや実施を目指す組織です。加えて、イノベーションラボのパイロット事業として実際に対象エリアの顧客データを活用し、鉄道会社の事業戦略を検討する、といったプロジェクトに参画しています。

このプロジェクトでは、BCGのメンバーと2人で東南アジアの鉄道会

社に常駐し、現地のスタッフと日々議論を交わしています。こうした**グローバルな案件において、質の高いアウトプットを素早く出し続けることが求められているなかで、メンバーがワンチームとなって課題解決に向かっていけるところにやりがいを感じています。**

——BCGでのキャリアについて教えてください。

加藤木　基本的には少数精鋭のワンチームで動きます。今の私の場合でいえば、パートナー、プロジェクトリーダー、コンサルタント、アソシエイトの4人で担当していますね。だいたい2〜5人がワンチームになっていることが多いです。そのため、**1人に任せられる裁量がとても大きく、どんどん経験を積んでいけるところがBCGならでは**だと思っています。

——BCGで活躍している社員にはどんな人が多いですか。

加藤木　コンサル業界というと、コンサルティングや経営学について学んできた人が多いイメージでしたが、そんなことはありませんでした。本当に多種多様な方々が集まっているなと感じます。BCGでは**「この案件は、この人ならおもしろくなりそうだ」と、その人が勉強してきたことや経験してきたことを活かせる機会をもらえるんです。**そうした意味では、どんな人でも活躍できる機会があるのではないかと思います。また、育休をはじめ、フレキシブルな働き方が実現できるようさまざまな制度が活用されており、多様な人材が活躍できるカルチャーです。

> **BCGを志す学生のみなさんへメッセージ**
>
> BCGではよく「成長は自己責任」という言葉を使います。これは自分が目指すキャリアパスを発信すれば、それを実現するための機会やアドバイスをくれる先輩たちがいるということ。一緒に課題解決に取り組めることを楽しみにしています。

過去の 新卒採用 スケジュール

▶ **2023年（2025年卒対象）のエントリーから内定までの流れ**

| 2023年
3月 | | 2023年
8月 |

サマーインターンシップ

エントリー
（3月1日〜）

適性検査
（6月1日〜）

1次選考
（6月中旬）

2次選考
（7月中旬）

サマー
インターン
（8月上旬）

サマー
インターン
（8月下旬）

2ターム中いずれか
1タームに参加

社員と交流しながら成長できる3日間

　インターンシップのエントリーは、3月〜、9月〜、12月〜の3回。少人数チームで経営コンサルティング業務を体験できます。開催期間は3日間で、シニアコンサルタントとの議論、パートナーとの談話、若手懇親会といったプログラムが用意されています。入社後の成長過程をサポートしてくれるBCGer（BCGで働く人々）とともに働く日々を実感できる機会となります。

過去の新卒採用のスケジュールを参考に、
就活計画を立てましょう。

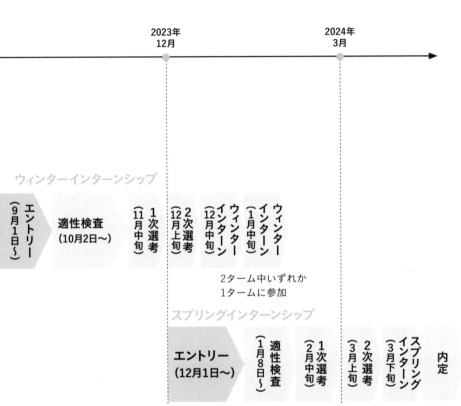

2023年
12月

2024年
3月

ウィンターインターンシップ

エントリー
（9月1日〜）

適性検査
（10月2日〜）

1次選考
（11月中旬）

2次選考
（12月上旬）

ウィンター
インターン
（12月中旬）

ウィンター
インターン
（1月中旬）

2ターム中いずれか
1ターム に参加

スプリングインターンシップ

エントリー
（12月1日〜）

適性検査
（1月8日〜）

1次選考
（2月中旬）

2次選考
（3月上旬）

スプリング
インターン
（3月下旬）

内定

※上記は過去のスケジュールです。選考方法、開始日などは
最新の情報を同社ホームページで確認してください。

求める人材像

世の中を変えたいという願いを持っていてほしい

　BCGの存在意義（パーパス）は、世の中を前進させるクライアントや社会、そして
BCGで働く社員一人ひとりの可能性を"Unlock"（開花）させることです。荒削りでも、
これからの成長を感じさせてくれるポテンシャル、世の中を変えたいというピュアな
想い、独創的で新鮮な視点をもつ方々を求めています。

＼ 組織・人事領域のプロフェッショナル集団 ／

マーサージャパン

アメリカ・ニューヨークに本社を置くコンサルティングファーム。1978年に日本法人が設立されて以降、45年におよぶ豊富な実績とグローバルネットワークを活かし、あらゆる業種の企業・公共団体にサービスを提供しています。

マーサージャパンを理解するための3つのポイント

Point
① … 世界最大級の 組織・人事 コンサルティングファーム

世界43カ国、約180都市の拠点をベースに約25,000人のプロフェッショナルを抱える、世界最大級の組織・人事コンサルティングファーム。圧倒的な知見と豊富な人材、そしてデータサービスがもつ顧客基盤を武器にクライアントを支援しています。

Point
② … 圧倒的な 成長環境

1カ月の入社研修を経て、コンサルタントとしてのプロジェクト業務がスタート。各プロジェクトを担当するチームは少人数で構成されるため、個人の成長しだいでは1年目からクライアントミーティングでのファシリテーションを任されるケースも多く、早い段階から重要な役割を担うことができます。

Point
③ … 人事コンサルタントを起点とした 多様なキャリア

数値分析やドキュメント作成、クライアントとのコミュニケーションなどを通じて、コンサルティングスキルをバランスよく習得することができます。また、一般企業の人事部や省庁への出向の機会もあり、自律的なキャリア形成の機会にも恵まれています。

会社名	マーサージャパン株式会社	
本社所在地	東京都港区赤坂9-7-1 ミッドタウン・タワー	
代表者名	草鹿泰士	
資本金	国内	4億8800万円
沿革	1945年　カナダでウイリアム・マンソン・マーサーがウイリアム・エム・マーサー社を創立 1978年　日本法人を設立。組織・人事、年金コンサルティングを開始する	
事業内容	あらゆる業種の企業・公共団体に対し、組織変革、人事制度構築、福利厚生・退職給付制度構築、M&A、給与データサービス、年金数理、資産運用に関するサポートなど、「人・組織」を基盤とした幅広いコンサルティング・サービスを提供	
売上高	非公開	
従業員数	グローバル	約2万5000人
	国内	257人(2023年4月1日現在)
拠点数	グローバル	43カ国、約180都市
	国内	3拠点

採用ページ(2024年2月時点)

STEP1

スマートフォンなどで下記のQRコードを読み取ると、同社の採用ページにアクセスします。

STEP2

採用ページにアクセスしたら、エントリーに進めます。

Chapter. 3　外資系人気企業の最新採用情報

127

「組織」を軸に自律したキャリアを歩む

マーサージャパン株式会社
栄 立土志さん

2009年、上智大学文学部卒。新卒では外資系総合コンサルティングファームに入社。2015年11月にマーサージャパンへ転職。シニアマネージャーとしてさまざまなプロジェクトに従事中。

──経歴を教えてください。

栄　新卒で外資系総合コンサルティングファームに入社し、2015年まで組織人事をテーマに扱うチームでコンサルタントとして従事した後、同年11月にマーサーへ転職しました。
　　マーサーは組織・人事領域のコンサルティングにおいて業界をリードする立場であり、提供しているサービスの幅も広く、一般企業だけではなく、日本全体のマクロ的な視点での提言に携わる機会も多くあります。**組織人事のコンサルタントとして今後のキャリアを考えたときに、組織・人事領域に特化した少数精鋭のプロフェッショナル組織で自身の専門性を高めていきたい**と思い、マーサーへの入社を決意しました。

──現在の仕事内容を教えてください。

栄　組織・人事領域のコンサルタントとして、現在はクライアントの人事制度の構築や、キャリアパスや人材フローを整備するプロジェクトを進めています。また、ほかにも役員報酬制度の設計や社長・CEOの後継者計画など、経営に対するサービスを行っています。**クライアントのCEOや経営陣とかかわる機会もあり、大切な意思決定をサポートできたときには大きなやりがいを感じます。**
　　加えて、現在はマーサーの組織人事領域コンサルティングの新卒採用チームの責任者も兼任しています。私自身はさまざまな業務に従事して

いますが、専門性を高めていく働き方も可能であり、個々の希望に任せられています。

──マーサーの社風や文化について教えてください。

栄　**タイトル（立場や役職）や年齢に関係なく、メンバーの意見を温かく受け止めてくれるので、自分の考えを伝えやすい、反映されやすい社風**だと感じています。

　また、クライアントとも健全な関係を築くことができるため、働きやすい雰囲気が保たれています。

　2017年から新卒採用を開始しており、新卒採用入社者からマネージャーを務める社員が増えてきました。

──マーサーで活躍している社員にはどのような人が多いですか。

栄　素直で、かつ自律した社員が多いように思います。言われたことだけをやるのではなく、自分でしっかりと物事を組み立てられる人ですね。担当するプロジェクトに余裕がある場合は、**ほかの興味あるプロジェクトに自ら手を挙げて参加**することも可能で、**自身のキャリアを考えた上で仕事に取り組んでいる社員が多い**と感じています。

マーサージャパンを志す学生のみなさんへメッセージ

企業が経営戦略を描く際に、人事・組織は決して切り離せないアジェンダ（議題）です。組織・人事領域のトップランナーとして、クライアントに高い価値を提供していきたいと考えられる方にぜひジョインしていただきたいです！

マーサージャパン
過去の 新卒採用 スケジュール

▶ 2023年（2025年卒対象）のエントリーから内定までの流れ

2023年
5月

2023年
8月

プレエントリー
（5月1日〜）

書類選考
（7月1日〜）

POINT
新卒採用の
エントリーは
年に1回のみ

エントリー
（5月1日〜）

グループ
ディスカッション
（8月1日〜）

適性検査
（5月1日〜）

ジョブ選考の魅力

コンサルタントの業務を体感できるプログラム

　マーサーではインターンを実施していないものの、選考プロセスのなかで2日間にわたり「ジョブ選考」を行います。模擬プロジェクトをベースにコンサルタントとしての業務を体感できるものです。社員のアドバイスのもと課題に取り組み、最後にプレゼンを行います。マーサーでの業務を感じられるプログラムで、例年20人ほどが参加しています。

過去の新卒採用のスケジュールを参考に、
就活計画を立てましょう。

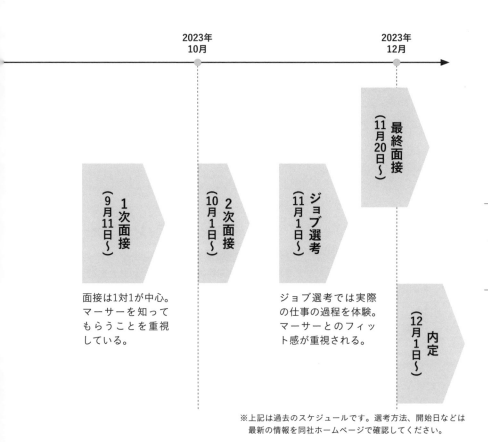

2023年
10月

2023年
12月

1次面接
（9月11日〜）

面接は1対1が中心。
マーサーを知って
もらうことを重視
している。

2次面接
（10月1日〜）

ジョブ選考
（11月1日〜）

ジョブ選考では実際
の仕事の過程を体験。
マーサーとのフィッ
ト感が重視される。

最終面接
（11月20日〜）

内定
（12月1日〜）

※上記は過去のスケジュールです。選考方法、開始日などは
最新の情報を同社ホームページで確認してください。

求める人材像

「人」と「組織」に興味があり、協働できる

　コンサルタントとしてロジカルシンキングなどベーシックなスキルはもちろん大切
ですが、それ以上に他者との協働・協力関係を築くことができる点を重視しています。
そして、何事に対しても強い好奇心をもてる人。なかでもマーサーが手掛ける「人」
と「組織」に興味をもち、お互いに刺激し合える仲間と一緒に働くことを心地いいと
感じてくれている人を求めています。

＼ 欧州最大級の経営戦略コンサルティングファーム ／

ローランド・ベルガー

ローランド・ベルガーは、世界34カ国に51のオフィスを展開する経営戦略コンサルティングファーム。日本法人は1991年に設立され、30年以上にわたり幅広い業界のクライアントにサービスを提供しています。

ローランド・ベルガーを理解するための3つのポイント

Point

① ⋯ 欧州最大級の経営戦略コンサルティングファーム

ドイツに本社を置く欧州最大級のグローバル経営戦略コンサルティングファーム。世界34カ国51オフィス、約3000人のスタッフが、世界各地でのプロジェクトを通じてインパクトを創出し、さまざまな業界からグローバル・オピニオンリーダーとして評価されています。

Point

② ⋯ 持続可能な成長を支援するアプローチ

すべてのステークホルダーを重視し、共存共栄し合う社会の構築に貢献する思想を大切にしているローランド・ベルガー。クライアントが自走しながら視野を広げ、変わり続けることができる企業へ変革し、中長期的な発展とサステナブルな成長をしていくための戦略策定と実行支援を行っています。

Point

③ ⋯ 社員一人ひとりの個性と多様性を重視

アントレプレナーシップ（創造性をもち、変化とリスクにチャレンジする精神）、エクセレンス（卓越性）、エンパシー（共感）をコアバリューとした組織文化が特徴。社員全員が一歩先を目指すことができるよう、一人ひとりに寄り添う文化があります。多様な成長機会と、豊富なグローバルトレーニングや各種制度に加え、個人に合わせた最適な働き方やキャリアプランを支援しています。

会社名	株式会社ローランド・ベルガー	
本社所在地	東京都港区虎ノ門2-6-1　虎ノ門ヒルズ ステーションタワー35階	
代表者名	大橋 譲	
資本金	国内	非公開
沿革	1967年　ドイツ・ミュンヘンにて設立 1991年　日本法人　株式会社ローランド・ベルガー設立	
事業内容	グローバル市場へのアクセスポイントとして、また、日本の市場・産業・企業情報の発信地として世界各国のオフィスと緊密な連携を取りながらコンサルティングサービスを行っている	
売上高	グローバル	6.7億USドル
	国内	非公開
従業員数	グローバル	約3000人
	国内	非公開
拠点数	グローバル	34カ国
	国内	1拠点

Chapter. 3　外資系人気企業の最新採用情報

採用ページ（2024年2月時点）

STEP1

スマートフォンなどで下記のQRコードを読み取ると、同社の採用ページにアクセスします。

STEP2

採用ページにアクセスしたら、エントリーに進めます。

新卒採用について

新卒で入社いただく皆さまは、柔軟な頭でローランド・ベルガーの企業理念やコンサルティングメソッド、プロフェッショナルとしての仕事への取り組み方などを体得し、実践していく貴重な原石と位置付けています。

加えて、自分自身をどれだけ成長させたいと思っているか、そのための気概があるか

欧州系企業ならではのフラットな雰囲気

ローランド・ベルガー
シニアコンサルタント
高木美里さん

慶應義塾大学法学部卒。2020年に新卒として入社し、現在はシニアコンサルタントとして消費財領域のクライアントを中心に支援している。

——ローランド・ベルガーへの入社の経緯を教えてください。

高木　学生時代に複数のスタートアップでインターンを経験するなかで、ビジネスにおける経営の意思決定に興味をもつようになり、幅広い業界のクライアントを支援できるという点で、経営課題を扱う経営戦略コンサルティングファームを志望し、就活を進めました。ローランド・ベルガーの採用過程では、入社前に面談やジョブ・プログラム（インターン）を通して複数の社員と会う機会があり、そこでかかわった方々が優秀で、個性を活かして働いていると感じました。また、**大所帯の一人としてではなく、社員全員の顔が見える組織の一員としてキャリアを重ねていくことができるところに魅力を感じ、入社を決めました。**

——現在の仕事内容を教えてください。

高木　食品・飲料やアパレル、ジュエリーなど、消費財業界のクライアントを主に支援するチームに所属し、事業戦略や長期ビジョンの策定などを支援しています。プロジェクトは通常、数人から10人超のチームで進め、期間は数週間から数カ月にわたることもあります。

　ジュニアコンサルタント、コンサルタントを経て、現在はシニアコンサルタントとして働いています。ジュニアコンサルタントは、まず資料作成やデータ集め、定量分析・定性分析などのタスクを上司の指示にもとづき実行していきますが、コンサルタントになると担当するプロジェ

クトのモジュール（業界、地域、事業分野などで切り分けたプロジェクトの単位）をメインで担当し、主体的にリサーチ、分析、打ち手の提案を行っていくことが増えていきます。**現在はシニアコンサルタントとして、チームメンバーを取りまとめながらプロジェクトを遂行しています。**

──ローランド・ベルガーの社風や文化について教えてください。

高木　入社前から、個人の意見を最後まで聞き、尊重してくれる姿勢を感じました。入社してからも同様で、役職にかかわらず、個人の意見を尊重し合う文化があると強く感じます。欧州系企業ならではのフラットな雰囲気があり、多様性や個性を大切にして社員の評価をしていると思います。**制度を杓子定規に運用するのではなく、個人が一番パフォーマンスを出しやすい環境を社員全員で考えていく**文化があります。

──仕事のやりがいを教えてください。

高木　新入社員であっても大手企業の経営層と議論できる環境や、プロジェクトごとに異なるチームで議論を重ねながらよりよいものをつくり上げるのは、容易ではありませんが、ほかにはないおもしろさがあります。プロジェクトによっては、仕事の成果がすぐに目の前に現れるわけではないものもありますが、**自分たちが支援した新規事業が世の中にリリースされるなど、実際にクライアントが動いたと感じられるときは、とてもうれしいですね。**

ローランド・ベルガーを志す学生のみなさんへメッセージ

入社1年目から大手企業の経営層と共に経営課題に向き合うことができる稀有な環境だと思うので、興味がある人はぜひチャレンジしてほしいです。さまざまな業界のクライアントと仕事をするので、自分の知らなかったことをどんどん学び、吸収し、成長していくことができます。多様な業界に携わりながら、自分の専門性を形づくっていってください。

過去の 新卒採用 スケジュール

▶ 2023年（2025年卒対象）のエントリーから内定までの流れ

```
2023年                         2023年
4月                            7月
```

全職種

プレエントリー
（4月〜）

コンサルタント職

オータムジョブ
エントリー
（5月頃〜）

適性検査・
書類選考
（7月頃〜）

面接
（8月頃）

面接は複数回
実施される。

ミドルオフィススタッフ職

ミドルオフィス
エントリー
（4月頃〜）

適性検査・
書類選考
（5月頃）

面接
（6月頃）

面接は複数回
実施される。

内定
（6月頃）

ジョブ・プログラム（インターン）の魅力
コンサルタントという仕事を体感できる

　ローランド・ベルガーのジョブ・プログラムでは、複数人のグループで、企業が抱える仮想の経営課題についてケースワークに取り組みます。社員とのディスカッションや交流を通じて、コンサルタントとしてのキャリアや会社のカルチャー、雰囲気を体感できるプログラムです。期間は年によって異なりますが、通常1日〜1週間の期間で行われ、選考プロセスの一部となっています。

過去の新卒採用のスケジュールを参考に、
就活計画を立てましょう。

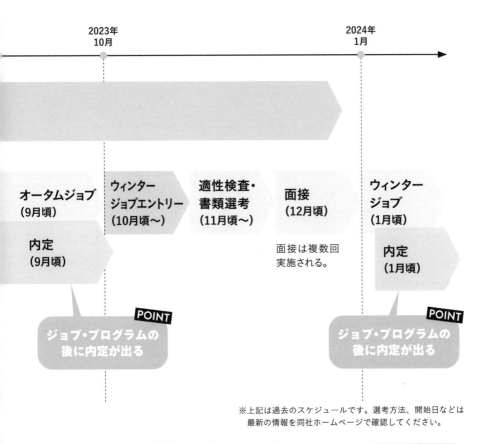

2023年
10月

2024年
1月

オータムジョブ
（9月頃）

内定
（9月頃）

ウィンター
ジョブエントリー
（10月頃〜）

適性検査・
書類選考
（11月頃〜）

面接
（12月頃）

面接は複数回
実施される。

ウィンター
ジョブ
（1月頃）

内定
（1月頃）

POINT

ジョブ・プログラムの
後に内定が出る

POINT

ジョブ・プログラムの
後に内定が出る

※上記は過去のスケジュールです。選考方法、開始日などは
最新の情報を同社ホームページで確認してください。

求める人材像

自主性をもち、チームで課題に取り組める人材

　会社に所属し、チーム単位での仕事に取り組むことになるので、規律のなかでの自
主性や多様性を重視して働ける人や、常に学ぶ姿勢を持ち、難しい課題にチャレンジ
していきたいと考える人を求めています。自主性をもって仕事に取り組みながら、チー
ムワークを大切にして結果を出すことができる力が大切です。

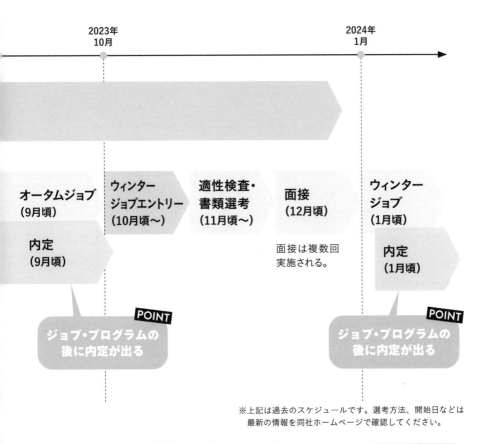

＼ 世界トップレベルの戦略コンサル ／

マッキンゼー・アンド・カンパニー

経営戦略など上流工程に優れたノウハウをもつ

　世界的コンサルティングファームの一角を占めているマッキンゼー・アンド・カンパニー。同社がコンサルティングの対象とする業種・業態は多岐にわたりますが、特に「戦略系」と呼ばれる、企業の経営戦略や方針策定、経営戦略といった上流工程に優れたノウハウをもつのが特徴です。

　現在では世界65カ国以上に支社をもつ同社の日本進出は1971年。アジア地域初の拠点として東京オフィスを開設しました。以来、半世紀あまり、民間企業はもちろんのこと政府機関にもサービスを提供。過去5年で、業種を問わず1000プロジェクトを実施したり、国内トップ30企業の8割をサポートしたりするなど、日本の経済界、産業界に強い存在感を示し続けています。

人材のキャリア形成に熱心で、独立を応援する企業文化

　マッキンゼー・アンド・カンパニーは、経済・学術・政界など各方面に多士済々の人材を輩出していることでも知られます。著名な出身者には経営コンサルタント・教育者の大前研一氏、DeNA共同創設者の南場智子氏、著述家の勝間和代氏などが挙げられます。これは、同社が人材のキャリア形成に熱心で、留学支援や語学研修などの各種制度を整えていることや、人材の退職・独立を歓迎し、応援する企業文化があることによるものです。

　同社では、OB・OG（アルムナイ＝卒業生）が新天地で活躍することが自社の企業価値を高めるという考えを大事にしています。

会社名	マッキンゼー・アンド・カンパニー	
本社所在地	東京都港区六本木1-9-10 アークヒルズ 仙石山森タワー	
代表者名	岩谷直幸	
資本金	国内	非公開
沿革	1926年　前身であるカーニー・アンド・マッキンゼーが分裂。ジェームズ・マッキンゼーがニューヨークオフィスを率いて設立 1971年　日本支社を開設	
事業内容	上場企業をはじめとして、非公開企業、政府機関にもコンサルティングサービスを提供。日本の将来の成長を担う自動車、ハイテク、金融、医薬品といった産業を中心にグローバル体制を反映したプロジェクトチームによって、戦略立案やサプライチェーンマネジメントなどに幅広い知見を提供	
売上高	グローバル	非公開
	国内	非公開
従業員数	グローバル	約4万5000人
	国内	約600人
拠点数	グローバル	65カ国以上
	国内	2拠点

採用ページ (2024年2月時点)

STEP1

スマートフォンなどで下記のQRコードを読み取ると、同社の採用ページにアクセスします。

STEP2

採用ページにアクセスしたら、エントリーに進めます。

Welcome to your McKinsey career

マッキンゼーでは、顧客企業や地域社会に対して価値ある変化をもたらすことのできる優秀な人材を求めています。

マッキンゼー・アンド・カンパニー・ジャパンは、世界で最も重要なマーケットのひとつである日本において、他に類のないプロフェッショナルな個人の成長の機会を提供しています。
あなたは、マッキンゼーの一員として、日本の主要産業のさらなる成長や、次世代産業の日々のイノベーションに携わることになります。

\ 2 0 0 年 以 上 の 歴 史 を も つ 金 融 機 関 /

シティグループ

200年以上の歴史をもち、約160の国と地域に金融サービスを提供しているシティグループ。長い歴史のなかで、これまでの常識を覆すような事業やサービスを展開してきた強みがあります。

シティグループを理解するための3つのポイント

Point

① ··· 歴史に変革をもたらす事業を行う

1812年にシティバンク・オブ・ニューヨークとしてアメリカのニューヨークに誕生。以来、200年以上の歴史をもつ金融機関としてサービスを提供するなかで、1904年にはパナマ運河の建設に出資したり、1977年には世界ではじめてATMを導入するなど、常に歴史に変革を起こす金融事業を行っています。

Point

② ··· 世界約160カ国に約2億の顧客口座をもつ

世界に20万人の従業員を抱え、世界約160の国と地域において約2億の顧客口座をもつ金融機関です。個人、法人、政府機関に対して、銀行業務、クレジットカード、証券業務、資産管理など幅広いサービスを展開。金融業界においては世界で最もグローバルな金融機関のひとつといえます。

Point

③ ··· ESGやダイバーシティを推進

シティグループでは、ESG（環境：Environment、社会：Social、ガバナンス：Governanceを考慮した経営活動）やダイバーシティの推進に取り組んでいます。2021年にはアメリカの大手金融機関では初の女性CEOが誕生。取締役における女性比率も世界の金融機関でトップレベルです。

会社名	シティグループ証券株式会社	
本社所在地	東京都千代田区大手町1-1-1 大手町パークビルディング	
代表者名	マーク・ルエ	
資本金	国内	1549億円
沿革	1812年　シティバンク・オブ・ニューヨークとして設立 1902年　日本で最初の支店を横浜に開設 1998年　社名変更や合併を行い、シティグループとなる	
事業内容	投資銀行業務、セールス＆トレーディング業務、リサーチ業務など、多岐にわたる商品とサービスを提供	
売上高	グローバル	753億USドル（2022年）
	国内	非公開
従業員数	グローバル	約23万人
	国内	1400人（2023年4月現在）
拠点数	グローバル	約160カ国
	国内	3拠点

採用ページ（2024年2月時点）

STEP1

スマートフォンなどで下記のQRコードを読み取ると、同社の採用ページにアクセスします。

STEP2

採用ページにアクセスしたら、エントリーに進めます。

自分の決断が結果として返ってくる

シティグループ
トレーダー
S.Yamanakaさん

2016年に大学卒業後、同年4月シティグループに新卒入社。デリバティブを取り扱うエキゾチックトレーダーとしてトレーディング業務に従事している。

──シティグループへの入社の決め手を教えてください。

Yamanaka　外資系企業に興味をもつようになったのは、大学在学中にアメリカへ留学したことがきっかけです。現地の人や留学生と交流して、卒業後の進路などについて話すうちに、**日本企業と海外企業では待遇やできることに差があることを知りました**。そこから「就職は日本企業だけではなく、海外企業も選択肢に入れたほうがよい」と意識するようになりました。

　日本に帰国後、留学生や海外の大学を卒業した人を対象にしたキャリアフォーラムに参加し、最初にインターンをさせてもらったのがシティグループです。**一人ひとりに与えられる裁量が大きいところにやりがいを感じ、入社を決めました**。

──現在の仕事内容を教えてください。

Yamanaka　**エキゾチックトレーダーといって、複雑なデリバティブを取り扱う部署でトレーディング業務を行っています**。デリバティブとは、先物取引やオプション取引、スワップ取引などの金融派生商品のことです。

　3年目に自分のポートフォリオをもたせてもらっていますが、自分が行った取引がすべて結果になって返ってくるところが、とてもおもしろいです。

もちろん、上司に相談したり、ほかの人の意見を参考にしたりすることもあるのですが、未来のことは誰にもわかりません。最終的な決断は自分が行うので、当然プレッシャーもありますが、やりがいも大きいです。

──シティグループでのキャリアについて教えてください。

Yamanaka　先ほどの通り、入社してから2年間はジュニアとして働き、3年目からは自分のポートフォリオをもっています。現在所属している金利チームには10名以上のメンバーがいて、そのなかで数人の部下がいます。いろいろな金融商品を取引するなかで意見交換をしたり、相談を受けたりといった立場ですね。形式的には私が上司となっていますが、全員自分で考えて行動してくれる部分もあるので、相談し合えるよきパートナー的な存在でもあります。
　いずれは大きな指針や戦略を練って、会社をどう回していくかを考えるような立場になりたいと思っています。

──シティグループで活躍している社員にはどんな人が多いですか。

Yamanaka　インターン中や入社後にも感じていましたが、一人ひとりに任される裁量が大きく、自分で考えて行動することが求められます。金融というと、どうしてもお堅いイメージもあると思うのですが、実際はクリエイティブな面もあって、**さまざまなアイデアを出しては自分で試行錯誤を繰り返すので、各々が自分のスタイルをもっています。そして、それを許してくれる上司が揃っているなと思います。**

シティグループを志す学生のみなさんへメッセージ

いろいろな選択肢のなかで「楽しい、おもしろい」と感じる直感を大事にしてほしいです。シティグループは金融業界のなかでもクリエイティブな社員が集まっており、おもしろそうと感じたらぜひ一歩踏み出してみてください。

過去の 新 卒 採 用 スケジュール

▶ **2023年（2025年卒対象）のエントリーから内定までの流れ**

2023年 4月	2023年 7月	2023年 9月

サマージョブ

**エントリー・
書類選考・
適性検査
（4月〜）**

**面接
（7月〜）**

**サマージョブ
（8月〜9月）**

サマージョブは数日間実施。毎年
約20 〜 30人が参加している

インターンの魅力

業務を実際に体験。金融で働くイメージがわく

　シティグループでは、サマージョブと呼ばれるインターンを部署ごとに行っています。各部署ともに8〜9月に数日間にわたって実施されます。基本的にはシティグループの業務を実際に体験してもらうことを目的にしています。

過去の新卒採用のスケジュールを参考に、
就活計画を立てましょう。

2024年
1月

本選考

エントリー・
書類選考・
適性検査
(9月〜)

面接
内定
(11月〜1月頃)

エントリーにあたって、サマー
ジョブの参加は必須ではない。

※上記は過去のスケジュールです。選考方法、開始日などは
最新の情報を同社ホームページで確認してください。

求める人材像

リーダーシップをもって積極的に学ぶ

　コミュニケーション能力や、論理的な思考力があることはもちろん、英語への抵抗
感がなく、内定時に苦手でも入社後に意欲をもって取り組むことが大切です。そして、
シティグループで一番大切にしているのがリーダーシップです。積極的に自らインプッ
トやフィードバックを求めて、失敗から学べる人、プライドをもって業務を遂行でき
る人、世界中のメンバーの多様性を尊重してチームワークをもてる人を求めています。

＼ 多 岐 に わ た る 金 融 サ ー ビ ス を 提 供 す る ／

J.P.モルガン

JPモルガン・チェース・アンド・カンパニーはアメリカ・ニューヨークに本社を置く、グローバル総合金融サービス会社。日本では投資銀行、債券・株式、為替資金などのマーケット業務、資金決済や資産運用などのサービスを事業会社、金融機関、機関投資家、政府機関などに提供しています。

J.P.モルガンを理解するための3つのポイント

Point 1 … 個人のキャリアを成長へ導く

J.P.モルガンでは、社員一人ひとりがよりよいキャリアを積むための制度が整えられています。日本国内で関心がある部署への移動を希望した場合、例えばリサーチ部門から投資銀行部門へといったダイナミックな異動が可能です。もちろん日本から海外のグループ会社へ異動することもでき、自分の意思で自由にキャリアを形成できます。各部門ではOJT教育やトレーニングプログラムが設けられています。

Point 2 … 多様な価値観の中で尊敬し合う文化

さまざまなバックグラウンドをもつ社員が所属しており、社員がお互いを尊敬し合い、助け合うカルチャーが強い会社です。会社としてメンタルケアやフィナンシャルにかかわる制度を提供しているのも特徴。また、ボランティアやLGBTQ+の支援といった社会貢献活動を行うグループが社内にあり、社長から新卒社員まで幅広く参加しています。

Point 3 … クライアントとの信頼関係がある老舗企業

J.P.モルガンは創業から200年以上経ち、日本におけるJ.P.モルガンの歴史は1920年代に遡ります。そのため、クライアントとの信頼関係も強く、加えて、グローバルで培った知見やリソースなどのスケールメリットを活かしたサービスを日本のクライアントに提供しています。

会社名	JPモルガン証券株式会社	
本社所在地	東京都千代田区丸の内2-7-3 東京ビルディング	
代表者名	李家 輝	
資本金	国内	732億7200万円
沿革	1947年　前身となるチェース・ナショナル銀行東京支店を開設 1987年　JPモルガン証券会社東京支店を開設 2006年　JPモルガン証券株式会社として営業開始	
事業内容	日本におけるJ.P.モルガンでは、投資銀行、債券・株式、為替資金などのマーケット業務、資金決済や貿易金融、資産管理の媒介、資産運用などのサービスを事業会社、金融機関、機関投資家、政府機関などのクライアントに提供	
売上高	グローバル	約1286億USドル(2022年通期)
	国内	非公開
従業員数	グローバル	約30.9万人(2023年9月30日現在)
	国内	約1100人(2022年12月末現在)
拠点数	世界100以上のマーケットで事業展開	

採用ページ(2024年2月時点)

STEP1

スマートフォンなどで下記のQRコードを読み取ると、同社の採用ページにアクセスします。

STEP2

採用ページにアクセスしたら、エントリーに進めます。

海外の同僚と刺激し合い成長できる

JPモルガン証券株式会社
エクセキューションサービスグループ
佐野知美さん

早稲田大学政治経済学部卒。在学中、米カリフォルニア州のUCIrvineに交換留学。新卒で日系金融機関に勤務。2016年にJ.P.モルガン入社、株式営業部エクセキューションサービスグループに所属し、日本株、外国株のセールストレーディングに従事。

──J.P.モルガンへの入社の経緯を教えてください。

佐野　大学卒業後、**日系の証券会社でセールストレーディング業務に従事するうちに、外資系の証券会社のグローバルフランチャイズの強みに興味をもち、ご縁もあってJ.P.モルガンへ転職しました。**

　入社する前から多くの社員に会う機会をいただき、丁寧にキャッチアップしてくれたのが印象的です。チーム構成や入社後のトレーニングの流れなども教えていただき、安心して入社することができました。

──現在の仕事内容を教えてください。

佐野　現在は市場営業本部、株式営業部のなかのセールストレーディングを担当するエクセキューションサービスグループに所属しています。

　外国株と日本株を担当しており、1日の業務は朝会から始まります。前日の欧米株式市場の動き、トレード内容のフォローアップをした後、日中は日本株、アジア株の執行やお客様へのレポート/メール配信、勉強会などに従事します。外国株に関しては、現地のトレーダーと情報共有を行って1日の業務を終えます。

　入社当初は試行錯誤の日々でしたが、先輩方の多大なるサポートをいただいて、今では日々の仕事にやりがいや楽しみを感じられるまで成長できたように思います。

──J.P.モルガンの社風や文化について教えてください。

佐野　一般には外資系金融機関というと非常に競争の激しい世界というイメージがあるかもしれませんが、J.P.モルガンでは**若手向けのトレーニングが非常に充実しており、国内のみならず海外にいる同僚ともお互い刺激し合って成長できる環境です。**チーム内のコミュニケーションもフラットで風通しがよく、組織における意思決定の局面では、若手社員たちの声に積極的に耳を傾けてくれる雰囲気・環境が確立されています。

また会社全体でダイバーシティが重視されており、多様な価値観やバックグラウンドをもつ社員が同じ目標を共有し、チームワークをもって業務に取り組むカルチャーが自然とできており、今後も受け継がれていくJ.P.モルガンのDNAだと感じています。

──J.P.モルガンで活躍している社員にはどんな人が多いですか。

佐野　社内で活躍している社員も多様性に富んでおり、互いに個性を認め、高いパフォーマンスを発揮している人が多いと思います。共通している点をあげるとするなら、担当しているビジネス領域の第一人者として存在感をもち、**プロダクトの垣根を超えて幅広いネットワーキングの力をもっている先輩方が活躍しています。**

J.P.モルガンを志す学生のみなさんへメッセージ

多数のプロジェクトを管理していくので、好奇心があることが大切です。また、チームワークを大切にできる人と一緒に働きたいと考えています。事前の知識量や専攻にかかわらず、さまざまなバックグラウンドをもった方の入社をお待ちしています！

J.P.モルガン
過去の 新 卒 採 用 スケジュール

▶ **2023年（2025年卒対象）のエントリーから内定までの流れ**

2023年 6月	2023年 8月

**ワークショップ
エントリー
（6月〜）**

**ワークショップ
実施
（8月〜）**

新卒採用については、J.P.モルガングループとして募集し、法人ごとに採用・選考を行っている。

部署ごとにエントリーする形式で実施される。複数のワークショップに参加することもできる。

ワークショップの魅力

複数の部署のワークショップに参加できる

　J.P.モルガンではインターンのことをワークショップと呼んでいます。ワークショップは部署ごとに、1〜5日間実施されます。複数の部署のワークショップへの参加も可能です。各部門の説明や社員によるスピーカーセッションが行われ、プログラムによってはケーススタディやグループディスカッションといった、より実践的な内容に取り組みます。

過去の新卒採用のスケジュールを参考に、
就活計画を立てましょう。

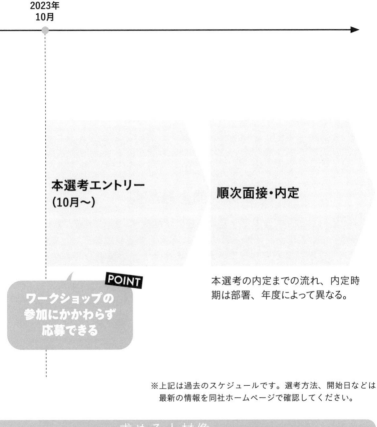

2023年
10月

本選考エントリー
（10月〜）

順次面接・内定

POINT

ワークショップの
参加にかかわらず
応募できる

本選考の内定までの流れ、内定時
期は部署、年度によって異なる。

※上記は過去のスケジュールです。選考方法、開始日などは
最新の情報を同社ホームページで確認してください。

求める人材像

チームで高いパフォーマンスを発揮できる

　多様性を認め、お互いを尊重し合う社風があり、学校の専攻やジェンダー、国籍に
かかわらず、さまざまな人がフラットに活躍できる職場です。自身の経歴にとらわれ
ずにチャレンジしていただきたいと考えています。業務時間のなかで自身の最大限の
能力を発揮できる方、物事に対して瞬時に判断できる方を期待しています。

\ 欧州最大の民間金融機関 /

ドイツ銀行グループ

ドイツ・フランクフルトを本拠地とする世界最大級の金融機関。1872年に同行初の海外拠点を日本に開設しました。現在、ドイツ銀行、ドイツ証券、ドイチェ・アセット・マネジメントが国内で営業を行っています。

ドイツ銀行グループを理解するための3つのポイント

Point

① ドイツ最大の民間金融機関

ドイツ銀行グループはドイツ最大の民間金融機関。欧州地域においては傑出した地位を確立しているほか、北米、アジアをはじめとする新興国市場、さらに日本市場においても強力な事業基盤をもっています。また、十分な資本力によって財務基盤も安定しています。

Point

② アジアを皮切りにグローバル展開

150年前に初の海外支店を横浜と上海に設立した歴史を背景に、アジアにおける戦略を重視するドイツ銀行グループ。企業向け金融サービスを提供するコーポレート・バンクや、債券や外国為替の取引などを行うインベストメント・バンク、投資信託ビジネスなどを提供するDWSの3つの事業部門を通じてアジアにビジネスを展開しています。

Point

③ 多様性を尊重し多彩なチームを構築

ドイツ銀行グループではダイバーシティを重視することで、才能ある多様なチームを構築。国籍、年齢、属性などのバックグラウンドにかかわらず、個人を尊重して業務に取り組める環境づくりを行っています。

会社名	ドイツ証券株式会社	
本社所在地	東京都千代田区永田町2-11-1 山王パークタワー	
代表者名	本間民夫	
資本金	国内	437億9601万円
沿革		1962年　ドイツ銀行、ドイツ国内で初の日本の発行体による債券発行の主幹事を務める 2005年　ドイツ証券会社東京支店からドイツ証券準備株式会社に営業譲渡。その後、ドイツ証券株式会社に商号を変更
事業内容		ドイツ銀行の在日証券業務拠点。東京・大阪の証券取引所正会員。債券セールス/トレーディング、資金調達、M&Aなど、ホールセール（事業法人・機関投資家など）向けの幅広い証券ビジネスを展開
売上高	グローバル	非公開
	国内	非公開
従業員数	グローバル	8万2915人（2022年7月時点）
	国内	267人（2023年10月時点）
拠点数	グローバル	非公開
	国内	1拠点

採用ページ（2024年2月時点）

STEP1

スマートフォンなどで下記のQRコードを読み取ると、同社の採用ページにアクセスします。

STEP2

採用ページにアクセスしたら、エントリーに進めます。

Chapter. 3　外資系人気企業の最新採用情報

刺激のある業界で日々成長できる

ドイツ証券株式会社
ホールセール営業部
サーカー慎悟さん

名古屋大学工学部卒。2021年1月にドイツ証券に入社し、マーケット部門ホールセール営業部に所属。2023年4月からはリクイディソリューションカバレッジで外国債券の営業に従事。

──ドイツ銀行グループへの入社の経緯を教えてください。

サーカー　私は小学校から高校までインドの現地校に通っていました。そのこともあってグローバルな環境で働きたいと思っており、外資系企業を中心に就活を行っていました。

　それに加えて、自分が長く働いていける会社である点を重視して就活に取り組んでいたところ、ドイツ銀行グループは穏やかかつ冷静な人が多く、自分に合う環境だと感じました。また、米系企業に劣らないパフォーマンスの高さやネームバリューをもっていることも、ドイツ銀行への入社を決めた理由のひとつです。

──これまでの仕事内容を教えてください。

サーカー　1年目はホールセール営業部に所属しており、日本の証券会社向けに仕組債などのデリバティブを中心に幅広い金融商品を扱っていました。当初は先輩についてしくみを勉強しながらお客さんをカバーし、2年目からは自分でクライアントをもって、役員クラスの方々にも提案を行っていました。

　現在は外国債券営業部に所属しています。チームは7人で構成されていて、ロンドンとニューヨークにもジャパンデスクが存在します。チーム内ではプロダクトとクライアントセクターごとに担当が分かれていて、自分はアセットマネジメント会社（資産運用会社）をメインで担当

しています。日々の業務には、市場の情報を最前線で仕入れていち早くクライアントに提供することや、商品の提案、実際のトレードの執行などがあります。

──ドイツ銀行グループの社風や文化について教えてください。

サーカー　多様性を尊重するカルチャーが醸成されています。1年目に所属していたチームには出産直後の社員がいたのですが、チーム全員で仕事を調節しつつ、休みや子育てをサポートできる環境を整えていました。例えば、お子さんが熱を出して保育園に迎えに行かなければならない場合などもチーム内で業務を調整しており、とても子育てをしやすい会社だと感じました。

　また、ダイバーシティにおいても、上長を含めて会社全体が高い意識をもって、誰もが働きやすい環境をつくっていると感じています。

──ドイツ銀行グループでは、どんな社員が活躍していますか。

サーカー　自身の成長に対して意欲的な人が多いと思います。**OJTをはじめ研修制度が整っているのでそれを活用しつつ、キャリアを積む上での貪欲さをもっている人たちが結果を出している**印象です。また、チームで仕事を進めているので、チームの多様性を理解した上で尊重し、誠実なコミュニケーションをとっていける人が活躍しています。

ドイツ銀行グループを志す学生のみなさんへメッセージ

日々、質の高いアウトプットを求められますが、チャレンジングで刺激のある業界で働くことは人として成長できるよい機会になると思います。また、今まさに業績が右肩上がりで、成長を続けている会社でいろいろなものを吸収したい人におすすめです！

過去の 新 卒 採 用 スケジュール

▸ **2023年（2025年卒対象）のエントリーから内定までの流れ**

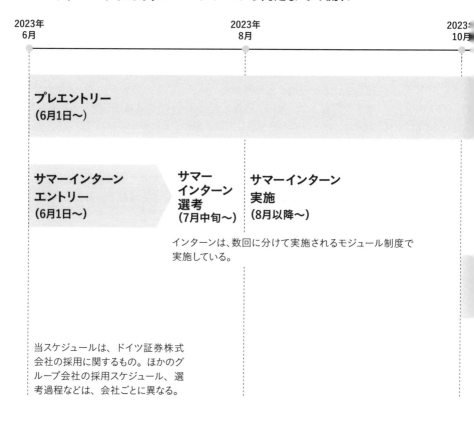

2023年
6月

2023年
8月

2023年
10月

プレエントリー
（6月1日〜）

サマーインターン
エントリー
（6月1日〜）

サマー
インターン
選考
（7月中旬〜）

サマーインターン
実施
（8月以降〜）

インターンは、数回に分けて実施されるモジュール制度で
実施している。

当スケジュールは、ドイツ証券株式
会社の採用に関するもの。ほかのグ
ループ会社の採用スケジュール、選
考過程などは、会社ごとに異なる。

インターンの魅力

モジュール制度で自分の学びを振り返る

インターンではグループワークや課題に沿ったプレゼンテーションを通して、業務全体を理解します。プログラムの期間は2、3日間ですが、毎日連続ではなく、間をあけて実施するモジュール制度を採用しています。インターンに参加していなくても本選考にエントリーすることができます。

過去の新卒採用のスケジュールを参考に、
就活計画を立てましょう。

**2024年
1月**

POINT

プレエントリー期間は
長いが、部門別に
締切があるので注意！

**本選考エントリー
（10月1日〜）**

選考
（1月以降〜）

内々定
（順次）

※上記は過去のスケジュールです。選考方法、開始日などは
最新の情報を同社ホームページで確認してください。

求める人材像

情熱をもって常に成長を続ける

　理念として掲げている、誠実さ、持続的なパフォーマンス、顧客中心主義、革新性、
規律、パートナーシップをもっている人を求めています。また情熱ややりがいをもっ
て自身の職種で活躍していきたいと考えられる人にぜひ来ていただきたいです。変化
の早い業界なので、常に努力を重ねて成長していくことへの意欲、常に多角的な視点
で市場を見る洞察力が大切です。

＼ 英 国 を 代 表 す る 世 界 屈 指 の 投 資 銀 行 ／

バークレイズ

英国ロンドンを本拠地とする国際的な金融機関。330年を超える歴史があり、英国4大銀行のひとつ。英国での個人向け銀行業務のほか、グローバルに法人向け銀行業務、投資銀行業務、クレジットカード業務などを展開しています。

バークレイズを理解するための3つのポイント

Point

① 世界トップクラスの欧州系投資銀行

米国の大手投資銀行と肩を並べる世界トップクラスの欧州系投資銀行で、日本では金融機関、国際機関、各国政府系機関、事業法人などの顧客に、資金調達、運用、リスク管理ソリューション、アドバイザリーなどの幅広いサービスを提供しています。

Point

② 社会共通の利益のために金融の責任を果たす

金融は正しく使われれば経済や社会の安定の支えとなり、個人や企業の目標達成を支援し、地域社会の持続可能な成長を促進すると考えているバークレイズ。この目的の達成のために、バークレイズの社員は共通の行動指針をもち、常に高い倫理基準に則って行動しています。

Point

③ 深い歴史と伝統の中で多彩なキャリアや経験を積む

バークレイズには、さまざまなバックグラウンドと高い専門性をもった社員が在籍しています。長い歴史で培われた企業文化のなかで、金融の最先端の知見を学び、幅広い経験を積むことができます。また、日本だけでなくグローバルに活躍できるチャンスもあります。

会社名	バークレイズ証券株式会社	
本社所在地	東京都港区六本木6-10-1 六本木ヒルズ森タワー 31階	
代表者名	木曽 健太郎	
資本金	国内	389億4500万円
沿革	1690年　英国ロンドンのロンバード・ストリートで銀行取引を開始 1969年　東京駐在員事務所を設置 2019年　日本で50周年を迎える	
事業内容	金融機関、国際機関、各国政府系機関、事業法人などの顧客に、資金調達、運用、リスク管理ソリューション、アドバイザリーなど幅広い金融サービスを提供	
売上高	グローバル	250億ポンド(バークレイズPLC、2022年12月期)
	国内	737億円(2022年12月期)
従業員数	グローバル	83928人
	国内	431人
拠点数	グローバル	41カ国
	国内	1拠点

採用ページ (2024年2月時点)

STEP1

スマートフォンなどで下記のQRコードを読み取ると、同社の採用ページにアクセスします。

STEP2

採用ページにアクセスしたら、エントリーに進めます。

採用情報

バークレイズでは、他社とは異なった経験ができる場を提供しています。

前例のない環境とは異なり、新しいチャレンジをしたい、目に見える形で成果を出したいと考えている方々を引きつける、活気に満ちた環境があります。また、顧客に最良の結果をもたらそうという目的のために、当社は企業家精神を持ってアイデアを探求し、イノベーションを行っています。そ

多様性に富んだチームで協働していく

バークレイズ証券株式会社
人事部
岡本弘基さん

大学院博士後期課程満期退学後、米軍基地勤務を皮切りに、GE、セールスフォースなどで人事業務に従事。2022年12月、バークレイズに入社し、日本におけるグループ企業3社の人事業務を統括。

——バークレイズへの入社の経緯を教えてください。

岡本　米軍基地への就職を経て、外資系の生命保険会社で人事としてのキャリアをスタートしました。その後、GEで人事を担当し、2022年12月にバークレイズへ人事部長として入社しました。業界経験がないなかで外資系投資銀行の人事部長への着任は珍しいケースだと思います。

　20年近く働いていた米系企業のカルチャーや意思決定の方法は自分のなかでつかめていました。その一方で、欧州企業の働き方はどうなのだろうと興味をもつようになりました。欧州企業は**コンセンサスを大事にする、日本の今までの商慣習に近いやり方だと知人に聞いたので、そういう世界を経験したいと思い応募。その過程でバークレイズの理念や考え方に共感したため、入社を決めました。**

——現在の仕事内容を教えてください。

岡本　日本におけるバークレイズグループの人事部長として、人事業務全般を統括しています。

　仕事をする上で、ヒューマンキャピタル（人的資本）という考え方をもとに人事業務を行っています。**人の心という非常に難しいものを取り扱いながら大きなことを成し遂げるという高度な仕事だと考えており、非常にやりがいをもって取り組んでいます。**

——バークレイズの社風や文化について教えてください。

岡本　全社員の約4分の1が外国人で、多様性に富んだ環境です。特徴として、チームワークや風通しのよさが第一に挙げられます。包容力があり、多様性のなかで協力していくというスタンスの人が多いですね。また、画一的な価値観に染めるというやり方ではなく、個々人の考え方をまず受け入れるという温かい文化があります。そして、**「金融の責任を果たす」という目的意識が共有されており、その達成に向けて同じ方向を向いて働くことができる社風です。**

——バークレイズで活躍している社員にはどんな人が多いですか。

岡本　オンでもオフでも、人をリスペクトして受け入れる包容力をもった人が多いです。仕事をする上でも、**他人の考え方を受容しながらチームでのやり方を模索し、ひとつの課題に取り組むなど、包容力をもって活躍している社員が多いです。**

　また、前向きでやる気に満ち溢れた人が多いのも特徴です。臨機応変さやチームワークに優れ、テクニカルなスキルの習得や能力開発に熱心で、生き生きと仕事に取り組んでいます。社員のそういう姿勢が現在の日本のバークレイズの勢いにも表れていると感じています。

バークレイズを志す学生のみなさんへメッセージ

好奇心、知識欲が旺盛で、創造的な人なら、バークレイズで自分の居場所を見つけることができると思います。また、当社では、金融は「経済の酸素」であると考えています。その意識をもって、全世界へ開かれた大きな活躍の場に飛び込んでいただきたいです。

バークレイズ
過去の 新卒採用 スケジュール

▶ **2023年（2025年卒対象）のエントリーから内定までの流れ**

2023年
10月

エントリー・適性検査
（10月中旬～12月末）

POINT
エントリー日時に
応じて
随時選考が進む

書類選考・個別面接・最終面接
（11月～）

新卒採用選考については、バークレイズグループとしての一括採用であり、日本における法人ごとの採用は行っていない。

インターンの魅力
金融業界で働く自分をイメージできる

　バークレイズでは、ジョブデー、ケーススタディが選考の一環として実施されます。ジョブデーではオフィスを訪れ、1日の業務の流れなどを知ることができ、金融業界、外資系投資銀行の雰囲気を体験できます。ケーススタディでは、あるケースについてリサーチして、その結果にもとづいた選考が行われます。ジョブデー、ケーススタディともに期間は1～2日。長期インターンは内定後の夏に実施しています。

過去の新卒採用のスケジュールを参考に、就活計画を立てましょう。

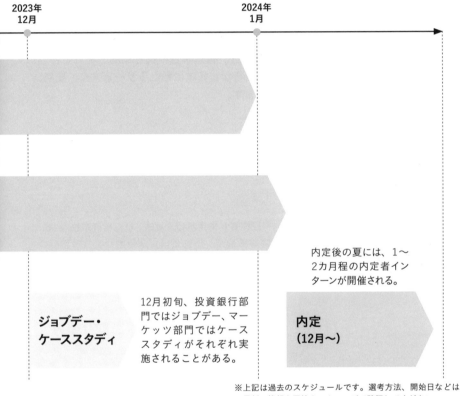

2023年
12月

2024年
1月

内定後の夏には、1〜2カ月程の内定者インターンが開催される。

ジョブデー・ケーススタディ

12月初旬、投資銀行部門ではジョブデー、マーケッツ部門ではケーススタディがそれぞれ実施されることがある。

**内定
(12月〜)**

※上記は過去のスケジュールです。選考方法、開始日などは最新の情報を同社ホームページで確認してください。

求める人材像

向上心を忘れず世界を意識して取り組む

　ビジネスや金融に興味があり、好奇心・知識欲が旺盛で、スキル開発に熱意をもって取り組める人を求めています。金融は学生時代にはあまり馴染みがない分野だと思いますが、学習意欲をもって取り組める人、また、フットワークが軽く、from Japan to globalという意識をもち、社内を刺激してくれるような人がバークレイズで活躍できると考えています。

\ 日 本 最 大 級 の 外 資 系 金 融 企 業 /

モルガン・スタンレー

世界的な総合金融サービス企業。投資銀行、株式業務や債券業務、それに伴う
リサーチ、資産運用業務、不動産投資業務など多岐にわたるサービスを、政府、
法人、投資家などに対して提供しています。

モルガン・スタンレーを理解するための3つのポイント

Point

①… 日本における 歴史と発展

50年以上にわたり日本市場の発展とともに成長し営業基盤を拡充。投資銀行業務、株式・
債券のセールス＆トレーディング、資産運用業務、不動産投資関連業務を含む幅広い
金融サービスにおいて業界をリードしており、日本で事業展開する外資系金融企業と
して最大級の規模を誇っています。

Point

②… ダイバーシティ＆インクルージョン への取り組み

「ダイバーシティ＆インクルージョンへのコミットメント」を企業指針のひとつに掲げ、
一人ひとりが自身の価値を実感できる企業文化の醸成と職場環境づくりを推進。多様
性を尊重し、性別や性的指向、障がいの有無によらず、強みを発揮できる企業文化を
体験できるように、さまざまな期間にわたる採用プログラムを主催しています。

Point

③… ビジネスエリア別 の採用活動

ビジネスエリア別の採用により、そのエリア（分野）のプロフェッショナルとしてキャ
リアを築くことができます。また、新入社員を含むすべての社員にさまざまな能力向上
の機会を提供。自分に合ったビジネスエリアを選ぶことが大切ですが、会社のニーズ
と本人の希望が合えば、将来的に違う分野に異動できるケースもあります。

会社名	モルガン・スタンレー・ホールディングス株式会社
本社所在地	東京都千代田区大手町1-9-7 大手町フィナンシャルシティ サウスタワー
代表者名	田村浩四郎(アルベルト)
資本金	約621億円(モルガン・スタンレーMUFG証券株式会社)
沿革	1970年　東京駐在員事務所開設 1984年　モルガン・スタンレー・インターナショナル・リミテッド 　　　　東京支店設立 2007年　持株会社制へ移行し、モルガン・スタンレー・ホールディングス株式会社を設立
事業内容	モルガン・スタンレーの日本における持株会社として、金融サービス業務を行うグループ関連会社を傘下にもつ。関連会社に、債券、株式のセールス、トレーディングなどを行うモルガン・スタンレー MUFG証券や公的年金、企業年金、機関投資家向け資産運用業務を行うモルガン・スタンレー・インベストメント・マネジメントなどがある

純営業収益	グローバル	537億USドル(2022年12月期)
	国内	非公開
従業員数	グローバル	約8万人
	国内	約1300人(日本におけるグループ計)
拠点数	グローバル	42カ国
	国内	2拠点(東京・大阪)

採用ページ(2024年2月時点)

STEP1

スマートフォンなどで下記のQRコードを読み取ると、同社の採用ページにアクセスします。

STEP2

採用ページにアクセスしたら、エントリーに進めます。

明確な"出る杭を評価する"文化

モルガン・スタンレー
アソシエイト
K.Matsumotoさん

東京大学経済学部卒。2017年に第二新卒でモルガン・スタンレー
に入社し、以来、資本市場統括本部にて、外貨建て社債の引受業
務を担当。

——現在の仕事の内容を教えてください。

Matsumoto　債券発行を通じて資金を調達したい企業（＝発行体）と、
債券の買い手、すなわち資金の出し手である投資家をつなぐ役目を担っ
ています。具体的には、**発行企業のニーズと投資家のニーズを擦り合わ
せながら債券の設計を決め、投資家へマーケティング・販売を行います。**
そのほかにも、契約書の整理や決済などの多岐にわたる実務があり、そ
れらの過程で海外セールスをはじめ他部署、弁護士、オペレーションな
ど社内外のさまざまな関係者と協働します。

——モルガン・スタンレーへの転職の決め手は何でしたか？

Matsumoto　新卒一社目で担当していた金融商品開発の業務は、幅広
くマーケットを見渡しながらリターンの得られる資産を探す、アセット・
マネジメント的な色合いの強い仕事でした。非常におもしろくやりがい
もありましたが、お金を通じて名立たる企業の成長や意思決定にかかわ
り、社会に大きなインパクトを与えられる投資銀行の仕事により興味を
もったことと、風通しがよく若手の成長機会が大きいとされる外資系投
資銀行の世界に身を置いてみたいという思いから、転職を決意しました。
　その際、**カルチャーやキャリアプランの観点から、外資企業への転職
を明確に意識していました。** 転職活動のなかでさまざまな企業の方から
話を聞きましたが、所属にかかわらず、ほとんどの社員が仕事への熱意

や自らのキャリアを生き生きと楽しそうに語っている姿を見て、モルガン・スタンレーに魅力を感じました。

──どのような点において風通しのよさを感じますか？

Matsumoto 若手の裁量や発言が尊重され、**出る杭を打たず、むしろ評価する企業文化がある**点です。例えば、ディスカッションでは1年目のアナリストにまで平等に発言機会が与えられますし、経験や知識不足から間違ったことを言っても、訂正はされますが、発言したこと自体をプラスに捉えてくれます。
　　また、部長やマネジメントのオフィスのドアは基本的に開かれており、いつでも遠慮なく話しかけてよい雰囲気があります。

──どのようなときにやりがいを感じますか？

Matsumoto 投資銀行業というと財務モデリングや市場分析などテクニカルな業務が中心というイメージをもたれがちですが、**仕事の本質は「お客様の財務課題の解決」であり、ニーズを汲み取り実現するための対話や信頼構築が何より大事**です。刻一刻と変わりゆくマーケットを見つめ、投資家の温度感を伝えながら、クライアントにとって最適な資金調達の形を提案すること、また、海外チームや他部署、弁護士など社内外の多様な関係者と議論・折衝を重ねながらそれらを実現するプロセスに、投資銀行業の醍醐味を感じます。これらが最終的に実を結びクライアントから感謝される瞬間に、最も大きなモチベーションを感じます。

モルガン・スタンレーを志す学生のみなさんへメッセージ

就職活動は内定を勝ち取るゲームではなく、自分を見つめ直し、歩みたい人生を模索するまたとない機会です。視野を広くもっていろいろな話を聞くこと、周囲に流されないこと、自分を偽らないことが大切だと思います。

モルガン・スタンレー
過去の 新 卒 採 用 スケジュール

▶ 2023年（2025年卒対象）のエントリーから内定までの流れ

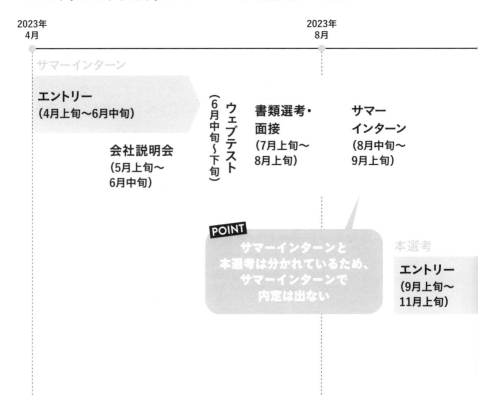

```
2023年                      2023年
4月                         8月
```

サマーインターン

エントリー
（4月上旬～6月中旬）

会社説明会
（5月上旬～
6月中旬）

ウェブテスト
（6月中旬～下旬）

**書類選考・
面接**
（7月上旬～
8月上旬）

**サマー
インターン**
（8月中旬～
9月上旬）

POINT
サマーインターンと
本選考は分かれているため、
サマーインターンで
内定は出ない

本選考

エントリー
（9月上旬～
11月上旬）

インターンの魅力

ビジネスエリアごとの採用

　ビジネスエリア別採用を実施しているため、面接やインターンの内容もエリアによって異なります。平均すると、面接の回数は5 ～ 7回、インターンの日程は1 ～ 3日です。なおインターンと本選考は分かれているため、インターンの結果だけで内定は出ず、インターンの選考を通過しなかった人も本選考に再度挑戦し、内定を獲得しているケースもあります。

過去の新卒採用のスケジュールを参考に、
就活計画を立てましょう。

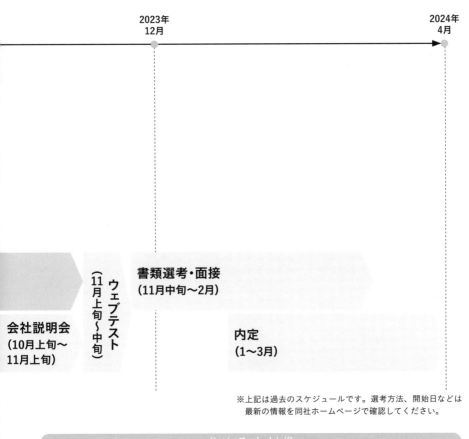

2023年
12月

2024年
4月

書類選考・面接
（11月中旬〜2月）

ウェブテスト
（11月上旬〜中旬）

会社説明会
（10月上旬〜
11月上旬）

内定
（1〜3月）

※上記は過去のスケジュールです。選考方法、開始日などは
最新の情報を同社ホームページで確認してください。

求める人材像

入社後の吸収力に期待

　ひとつのエントリーシートで複数のエリアを併願できるため、興味のあるものには
すべて応募してほしいです。いずれも「経済学専攻の人」や「英語が流暢に話せる人」
など、求める能力に決まった型はありません。専門知識の有無よりも、むしろ入社後
に新しいことを吸収し、柔軟に対応できる人かどうかをより重視します。そして、個
人の能力はもとより、チームワークを大切にできる人を求めています。

＼ ウェルス・マネジメントの本場、スイス発祥 ／

UBSグループ

ウェルス・マネジメント（プライベート・バンク）を中核に、世界50以上の市場で金融サービスを提供している世界最大級の金融グループUBS。2023年3月にはグローバルでクレディ・スイス・グループの買収を発表。日本でも今後、統合が予定されています。

UBSグループを理解するための3つのポイント

Point
①…160年以上の歴史とノウハウをもつ

プライベート・バンクの発祥地であるスイスからスタートし、現在も富裕層向けのウェルス・マネジメントを中核事業とした、160年以上の歴史とノウハウをもつグローバルバンク。強固な財務基盤とグローバルな経営資源を活用したソリューションやサービスを提供しています。

Point
②…ウェルス・マネジメント業界に新卒入社できる

UBSグループはウェルス・マネジメント業界で唯一、新卒採用を実施。入社後は各種ローテーションによる研修機会があり、一年目から幅広い金融業界のスキルを身につけられます。

Point
③…「信頼」第一の企業文化

UBSグループは顧客に寄り添うことを第一目標として掲げています。例えばウェルス・マネジメント部門では、同じ顧客を長く担当することが特徴。社内では部門間のコラボレーションが多く、部門同士のローテーション機会もあります。内定の段階から月に1回のフォローアップがあり、入社後もメンター制度を設けています。

会社名	UBS証券株式会社	
本社所在地	東京都千代田区大手町1-2-1 Otemachi Oneタワー	
代表者名	中村善二	
資本金	国内	347億865万円
沿革	1862年　前身であるウィンタートゥール銀行がスイスで創立 1998年　合併が完了し、社名をUBS AGに変更 2021年　ウェルス・マネジメント業務においてSMTBと協業開始 2023年　クレディ・スイスと合併	
事業内容	日本では、法人向け証券事業部門であるUBS証券、資産運用部門のUBSアセット・マネジメント、ウェルスマネジメント部門を担うUBS SuMi TRUSTウェルス・マネジメントなど5社が展開	
売上高	グローバル	346億USドル
	国内	247億3100万円（2022年12月期）
従業員数	グローバル	11万5981人（2023年9月30日現在）
	国内	約1100人
拠点数	グローバル	50カ国以上
	国内	3拠点

採用ページ（2024年2月時点）

(STEP1)

スマートフォンなどで下記のQRコードを読み取ると、同社の採用ページにアクセスします。

(STEP2)

採用ページにアクセスしたら、エントリーに進めます。

Chapter. 3　外資系人気企業の最新採用情報

顧客に長く寄り添うパートナーへ

UBS SuMi TRUSTウェルス・マネジメント株式会社
クライアント・アドバイザー
A.Zhongさん

中国・上海出身。小学生のころに家族で来日。中学〜大学は上海で過ごすも、慶応義塾大学院経済学研究科への進学で再び来日。卒業後、UBSグループに入社し、ウェルス・マネジメント部門へ配属。

──入社の決め手を教えてください。

Zhong　大学での専攻が金融データ分析だったため、もともと金融業界への就職を希望していました。就活の際は日系企業にするか外資系企業にするかは決めていませんでしたが、さまざまな企業の説明会などに参加するなかで、「人」を大切にするUBSの文化を垣間見ました。

　UBSでは「専任担当制」を設けており、転勤がないため同じ顧客を長く担当できるのが特徴です。また、**就活中の説明会で真摯に質疑応答している姿を見たり、20年以上の社歴があるベテラン社員でも日々勉強して自分を高めている**と知り、そんな「人」を大事にする文化に惹かれて入社を決めました。

──現在の仕事内容を教えてください。

Zhong　クライアント・アドバイザー（プライベート・バンカー）として、富裕層の顧客の専任担当をしており、既存顧客のフォローと新規顧客開拓を行っています。**顧客の金融資産を預かり、ニーズを深掘りした上で資産運用プランを考えることが主な仕事です。**

　また、金融商品にとどまらず、M&AやIPOなどの事業サポート、家族の留学支援や相続対策といった家族サポートなども行います。幅広い知識と教養、品格が要求されるとてもチャレンジングな仕事です。

──UBSグループでのキャリアについて教えてください。

Zhong 顧客のなかにはテレビやニュースで名前を見かけるような著名な経営者も多く、入社直後から、そうした方々と会話する機会を得ることができます。新規開拓や信頼獲得は簡単ではありませんが、**大きな成功を収めてきた経営者である顧客から感謝の言葉をもらえたときの達成感はとても大きいです。**

2年目までは研修としてさまざまな先輩社員の顧客訪問に同行します。部門採用ではありますが、異なる部門でも研修の機会があり、金融業界の基礎を広く学ぶことができました。3年目以降はクライアント・アドバイザーとして独り立ちしています。

──今後UBSグループで取り組みたいことは何ですか。

Zhong 世代を超えて顧客とそのご家族に寄り添い続けたいと思っています。特に中国出身という自分のバックグラウンドを活かして、在日外国人経営者や、海外進出を重視する経営者をサポートしたいです。

また、私たちは**ウェルス・マネジメントの新卒第一期生なので、後輩の鑑となりながらも、後輩が効率よく自由に成長できる環境を整え、ともにUBS文化をつくっていきたいと思います。**

よく後輩には「自分で考えるように」とアドバイスしています。1から10のすべてを教えるのではなく、「それを解決するにはこの指標を見たらいいよ」と、あえて自分で考えてもらうようにしています。自分で考え、どんどんチャレンジしていってほしいです。

UBSグループで就業することを志す学生のみなさんへメッセージ

はじめは視野を広くして、なるべくたくさんの会社を見てほしいと思います。会社・部門によってビジネス内容・求められる能力・雰囲気が異なります。「なぜこの会社なのか？」「なぜこの部門を選んだのか？」「この部門はなぜあなたを選ぶと思うのか？」を深掘りして考えられれば、きっと希望する部門に就職できると思います。

UBSグループ
過去の 新 卒 採 用 スケジュール

▶ **2023年（2025年卒対象）のエントリーから内定までの流れ**

2023年
6月

2023年
8月

サマージョブ

インターン（サマージョブ）実施
(6〜9月)

サマージョブは2日間実施。毎年約20〜
30人が参加している。

本選考

エントリー
適性テスト・面接
(9〜10月)

※UBSグループは、会社、部署ごとの採用を行っ
ているが、基本的にはグループ全体で同じス
ケジュール感で選考が進む。

インターン（サマージョブ）の魅力

2つのジョブの違い

UBSグループは、インターンのことをサマージョブ、ウィンタージョブと呼んでいます。サマージョブは2日間実施され、選考過程には含まれていません。ウィンタージョブは本選考に含まれており、適性テストと面接を経てウィンタージョブに進みます。

過去の新卒採用のスケジュールを参考に、
就活計画を立てましょう。

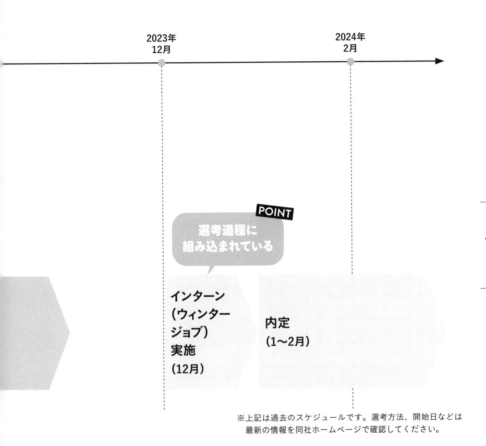

2023年
12月

2024年
2月

POINT

選考過程に
組み込まれている

インターン
（ウィンター
ジョブ）
実施
（12月）

内定
（1〜2月）

※上記は過去のスケジュールです。選考方法、開始日などは
最新の情報を同社ホームページで確認してください。

求める人材像

行動的で人と話すのが好きな人

　自ら行動を起こせる能動的な人や、人と話すことが好きな人を求めています。また、金融業界に興味をもっていて、長い目で見たときにキャリアを極めたいという思いがあることも大事なポイント。特にUBSでは顧客に長く寄り添う方針のため、長く仕事を続けられることが理想です。

＼ 有数の歴史と規模を誇る世界的金融機関 ／

ゴールドマン・サックス

世界的な規模で金融関連サービスを提供

　アメリカ・ニューヨークに本拠を置くゴールドマン・サックスは1869年の創業。金融機関としては世界有数の老舗であり、また世界の各主要都市に拠点を擁する、金融業界きっての大手でもあります。

　日本での歴史は1974年、東京に駐在員事務所を開設したことから始まります。1983年に証券業免許を取得し、ゴールドマン・サックス証券会社東京支店（現在はゴールドマン・サックス証券に商号変更）が営業開始。1986年には東京証券取引所に加入しました。現在ではゴールドマン・サックス・アセット・マネジメントやゴールドマン・サックス・バンクUSA東京支店などの複数社で、一般企業はもとより金融機関、政府機関にまで幅広い金融関連サービスを提供するなど、順調に業務を拡大しています。

世界的金融危機の渦中でも利益を確保した堅調な経営

　過去、幾度か訪れた世界的金融危機の中にあっても利益を確保した、安定的な経営で知られます。2020年の新型コロナウィルスのパンデミックで世界経済が沈滞したときも、わずか2年後の2021年の純利益は前期比2.2倍の216億ドル（約3.1兆円）となり、過去最高益を更新しました。その後はウクライナ危機に際しても、2023年の純利益は85億ドル（約1.2兆円）、さらに2024年の純利益は115億ドル（約1.6兆円）と予測されているなど、順調に回復してきていることがうかがえます。

会社概要

会社名	ゴールドマン・サックス証券株式会社	
本社所在地	東京都港区六本木6-10-1 六本木ヒルズ森タワー	
代表者名	吉村 隆	
資本金	国内	836億1600万円
沿革	1974年 1月	東京駐在員事務所開設
	1983年11月	証券業免許を取得し、ゴールドマン・サックス証券会社東京支店として営業開始
	2006年10月	ゴールドマン・サックス証券準備株式会社がゴールドマン・サックス証券会社東京支店より営業の全部を譲り受け、ゴールドマン・サックス証券株式会社に商号変更して営業開始
事業内容	企業、金融機関、政府機関、個人投資家などを対象に、投資銀行業務、資産運用、不動産業務といった幅広い金融サービスを、複数のグループ会社を通じて提供	
売上高	グローバル	672億6100万ドル(2022年12月・グループ全体)
	国内	1254億3100万円
従業員数	グローバル	非公開
	国内	約750人
拠点数	グローバル	非公開
	国内	非公開

採用ページ(2024年2月時点)

STEP1

スマートフォンなどで下記のQRコードを読み取ると、同社の採用ページにアクセスします。

STEP2

採用ページにアクセスしたら、エントリーに進めます。

＼ アメリカ で 生 まれ た 世界 最大 級 の 金融 機関 ／

バンク・オブ・アメリカ

2法人体制で幅広い金融関連サービスを提供

バンク・オブ・アメリカは、本拠のある米国内はもちろん、世界でも最大級の金融機関です。米フォーチュン誌がリストアップするフォーチュン1000（米大手企業1000社のランキング）のほぼすべての企業と取引があるなど、金融機関としての厚い信頼性を誇っています。また世界40以上の国々に拠点を置く、国際的金融機関でもあります。

同社が日本に初進出したのは戦後すぐの1947年のこと。以来70年以上の間にいくつかの吸収合併や事業の売却、商号の変更などがあり、現在ではBofA証券、バンク・オブ・アメリカ・エヌ・エイ東京支店の2法人体制を確立しました。さまざまな業界のクライアントに対して、株式や債権のトレーディングやアドバイザリー、円・外貨口座開設、送金、外国為替、貿易金融など、幅広い金融関連サービスを提供しています。

売上・利益とも安定的に成長

ここ数年のバンク・オブ・アメリカの売上は、グローバルで年間およそ930億ドル（約13兆円）程度で推移しています。2023年12月期、2024年12月期もおおむね同額程度が予想されており、安定した成長を続けていることがうかがえます。当期利益も270億ドル（約3.9兆円）程度の額が2024年12月期まで予想されており、こちらも安定的に推移。国内においては、BofA証券の2022年12月期の純営業収益は、前年同期比1パーセント増の419億7000万円でした。

会社名	BofA証券株式会社	
本社所在地	東京都中央区日本橋1-4-1 日本橋一丁目三井ビルディング	
代表者名	笹田 珠生	
資本金	国内	831億4000万円
沿革	1998年 7月　メリルリンチ日本証券、営業開始 2019年10月　バンクオブアメリカ・メリルリンチのブランド名をバンク・オブ・アメリカに統一 2020年11月　メリルリンチ日本証券株式会社をBofA証券株式会社に商号変更	
事業内容	資本市場業務、投資銀行業務、企業金融業務、証券の売買やトレーディングを通じて、企業、機関投資家、政府などを顧客に、戦略的にアドバイスを提供	
売上高	グローバル	1156億4600万USドル（2022年12月期）
	国内	419億7000万円（2022年12月期・BofA証券株式会社のみ）
従業員数	グローバル	非公開
	国内	654人
拠点数	グローバル	非公開
	国内	2拠点

採用ページ（2024年2月時点）

STEP1

スマートフォンなどで下記のQRコードを読み取ると、同社の採用ページにアクセスします。

STEP2

採用ページにアクセスしたら、エントリーに進めます。

Chapter. 3　外資系人気企業の最新採用情報

179

\ EU圏最大級の国際金融機関 /

BNPパリバ

資金力と格付けを背景に、多くの金融サービスを提供

2000年、パリ国立銀行（BNP）と、やはりフランス有数の投資銀行だったパリバが合併して誕生したBNPパリバ。その後も、2001年には米バンク・オブ・ザ・ウェストを、2009年にはベルギーのフォルティスを買収するなど、世界の有力な金融機関との統合によって規模を拡大し、現在ではEU圏最大級の金融機関としての地歩を確立しました。

日本とのかかわりも古く、BNPの前身となる国立パリ割引銀行が横浜支店を開設したのは実に1867年（慶応3年）。その後は二度にわたる世界大戦の影響で空白が続くも、1973年にはBNPが東京支店を開設、またパリバは欧州企業としてははじめて東京証券取引所に上場しました。

現在では、グループがもつ豊富な資金力と、高い格付けに裏づけられた信用力を背景に、ホールセールバンキングやアセットマネジメントなど、幅広い金融関連サービスを提供しています。

売上、利益とも大幅な伸び

2022年12月期の同社の営業収益は、前年比9パーセント増の504億ユーロ（約7800億円）。純利益も大幅に伸長し、前年比7.5パーセント増の101億ユーロ（約1500億円）でした。

その高い格付けと信用にふさわしい、安定的かつ積極的な経営をしていることがうかがえます。

会社名	BNPパリバ証券株式会社	
本社所在地	東京都千代田区丸の内1-9-1 グラントウキョウ ノースタワー	
代表者名	トニー・リョン	
資本金	国内	1020億2500万円(2016年3月期)
沿革	2000年 2010年	パリ国立銀行(BNP)とパリバが合併、BNPパリバが誕生 フォルティスの統合に伴い、ビー・エヌ・ピー・パリバ アセットマネジメント株式会社とフォルティスアセットマネジメント株式会社が合併、BNPパリバ インベストメント・パートナーズ株式会社と名称変更
事業内容	エクイティ デリバティブ、プライムサービス、現物取引のリサーチおよび取引執行などの補完的業務で、顧客のニーズに応じたさまざまなエクイティベースのサービスを提供	
売上高	グローバル	504億ユーロ(2022年12月期)
	国内	非公開
従業員数	グローバル	約19万人
	国内	約700人
拠点数	グローバル	65カ国
	国内	5拠点

採用ページ(2024年2月時点)

STEP1

スマートフォンなどで下記のQRコードを読み取ると、同社の採用ページにアクセスします。

STEP2

採用ページにアクセスしたら、エントリーに進めます。

＼ 進化し続けるテクノロジー・カンパニー ／

日本IBM

小売から金融、スポーツ、宇宙産業にいたるまで、さまざまな領域でイノベーションを起こしてきた世界有数のIT企業。主に企業向けITコンサルティングやシステム導入・運用、IT機器・サービスの提供を行っています。

日本IBMを理解するための3つのポイント

Point ① … 企業や社会の変革を支援するための3領域

コンサルティング、リサーチ、テクノロジーの3つの領域を手掛けていることが日本IBMの強み。クライアントのビジネスを理解し、真の課題を正しく見極めた上で、戦略や構想を立てて終わりではなく、自社の研究開発を活かした実装、保守まで、End to Endで顧客の変革を支援しています。

Point ② … 自ら学び、成長する「学習する組織」

社員一人ひとりが世の中をよくするための変革を起こすカタリスト（触媒）になることを目指すIBM。そのための充実したラーニング環境が整っており、自ら学び、成長する「学習する組織」を掲げています。e-learningやワークショップ、社員同士が有志で集まるコミュニティでの勉強会も盛んに行われています。

Point ③ … キャリアや働き方は自分で選択する

「New Way of Hybrid & Personalized Working（ハイブリッド＆パーソナライズされた新しい働き方）」を推進しており、在宅勤務や短時間勤務制度などを用いて、時間や場所に制限されず、柔軟に働くことができます。社内公募の制度も整っており、社員それぞれが自分の目指すキャリアに向かって歩むことのできる環境が整っています。

会社名	日本アイ・ビー・エム株式会社	
本社所在地	東京都港区虎ノ門2-6-1 虎ノ門ヒルズステーションタワー	
代表者名	山口明夫	
資本金	国内	1053億円
沿革	1911年　チャールズ・フリストがCTR社（IBM社の前身）を設立 1937年　日本ワットソン統計会計機械株式会社設立 1959年　日本アイ・ビー・エム株式会社に社名変更	
事業内容	ハードウェア、ソフトウェア、コンサルティングから、テクノロジーの研究、システム開発、運用・保守までのサービスなど、情報システムにかかわる製品、サービスの提供	
売上高	グローバル	605.3億ドル（2022年）
	国内	6493億円（2022年）
従業員数	グローバル	28.8万人
	国内	非公開
拠点数	グローバル	175カ国
	国内	37か所

採用ページ（2024年2月時点）

STEP1

スマートフォンなどで下記のQRコードを読み取ると、同社の採用ページにアクセスします。

STEP2

採用ページにアクセスしたら、エントリーに進めます。

スキルアップできる環境が整っている

日本アイ・ビー・エム株式会社
尾村美香さん

大学院では応用物理学を専攻し、2012年に新卒でIBMに入社。IBMコンサルティング事業本部に所属し、WEBアプリの開発推進を経て、現在はアジャイルという開発手法を用いたモバイルアプリの開発推進に従事。

——入社から現在に至るまでの経緯を教えてください。

尾村　大学時代は理系の大学院で、物理について研究していました。2012年に新卒でIBMに入社して、現在12年目になります。入社から2年間は若手で構成される部署に所属して、ビジネスや技術面でのスキルを学びました。3年目からはWEBアプリケーションの開発・推進に携わり、6年目からは超高速開発やクラウドの推進を担当しました。現在はモバイルアプリを開発・推進するチームに所属しています。

　就職活動中は、自分がスキルアップしていける環境かどうかを重視していました。**IBMは会社として「学習する組織」を掲げていて、スキルアップを軸とする文化が醸成されている**と感じたのが、入社の決め手です。新入社員のときは、とにかく吸収して学んで成長していくというプロセスでした。その後、年次を重ねていくなかで、若い人たちをいかに成長させるかを考えるようになりました。

——現在の仕事内容を教えてください。

尾村　現在はアジャイルという手法でモバイルアプリの開発を行っています。チーム内に、プロダクトオーナー、スクラムマスター、開発メンバーという3つの役割があるのですが、私は主に、プロダクトオーナーという役割を担当しています。アプリケーションを開発するにあたって、要件の優先順位付けを行い、仕様や機能、リリースのスケジュールなど

を調整してプロジェクトを進めていく業務です。**新たな案件について、決められた制約や開発メンバーとすり合わせをしながら調整していくのは、難しくもありますがやりがいも感じられます。**

──特徴的だと思う制度やプログラムについて教えてください。

尾村　各々のスキルアップを促す体制が整っています。職種ごとにスキルを上げていくためのイベントやコミュニティがあり、有志で立ち上げることも可能です。

　私はアーキテクトの勉強会のコミュニティに所属しており、そこで勉強はもちろん、普段の仕事の悩みや業務についての相談を受けています。終業後や業務中の隙間時間に実際に集まって会話することもあります。**スキルを向上させながら普段業務でかかわらない人とコミュニケーションを図ることができる貴重な機会です。**

──IBMで活躍している社員にはどんな人が多いですか。

尾村　好奇心が旺盛で、何事にもとりあえず取り組んでみるという人が多いです。**自分がどうなりたいかを考え、キャリアを広げるチャンスを掴むことができる会社だと思います。**成長への意欲が高い人が多く、刺激になっています。成長の機会を逃さずに、さまざまなことに前のめりに取り組む人が多く活躍している印象ですね。

日本IBMを志す学生のみなさんへメッセージ

IBMは、いろいろな思いや可能性を広げ、実現することができる会社だと思います。自身の大学の専攻に縛られずに、自分がどうなりたいかを思い描いて就活に取り組んでいただきたいです。チャレンジ精神をもち、困難なことにも挑戦していきたいという人と、IBMでぜひ一緒に働きたいです。

▶ **2023年(2025年卒対象)のエントリーから内定までの流れ**

2023年	2023年
5月	8月

**インターン
エントリー
(5月中旬〜)**

**インターン
選考
(7月上旬〜)**

**インターン実施
(8月上旬〜)**

インターンシップは職種、部門ごとに募集。実施期間は職種によって異なる。

インターンの魅力

IBMのカルチャーに触れる成長機会

　インターンのコースは職種ごとに分かれており、興味がある職種への理解を深めることができます。各コースとも、実際に現場で働いている社員が、プログラムの企画・運営をしています。グループワークを通してチームワークを学びつつ、社員からのフィードバックを通して、IBMのカルチャーや魅力を体感できると同時に、自身の成長も実感できるプログラムです。

過去の新卒採用のスケジュールを参考に、
就活計画を立てましょう。

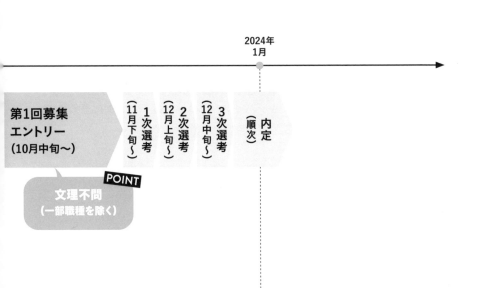

2024年
1月

第1回募集
エントリー
（10月中旬〜）

1次選考（11月下旬〜）

2次選考（12月上旬〜）

3次選考（12月中旬〜）

内定（順次）

POINT

文理不問
（一部職種を除く）

第2回募集
エントリー
（12月上旬〜）

1次選考（2月上旬〜）

2次選考（2月中旬〜）

3次選考（2月下旬〜）

内定（順次）

※上記は過去のスケジュールです。選考方法、開始日などは
最新の情報を同社ホームページで確認してください。

求める人材像

「Good Tech」に共感し、成長に貪欲なプロフェッショナル

　テクノロジーを活用して、個人や地域社会、そして世界にポジティブな影響をおよ
ぼすことを目指す「Good Tech」という考え方に共感してくれる人です。そのために
は注力する領域やトレンドの変化に敏感になり、柔軟に対応する力が必要です。主体
的に成長することを怠らず、テクノロジーを正しくオープンに提供・活用できる方、
仕事を通して社会、産業、企業に役立ちたいと考える方を求めています。

＼ 幅 広 い 製 品 ブ ラ ン ド を 手 掛 け る ／

日本マイクロソフト

世界最大のコンピューター・ソフトウェア企業であるマイクロソフト。ソフトウェア開発からクラウドサービスやデバイス、ITコンサルティングに至るまで、幅広い製品やサービスを提供しています。

日本マイクロソフトを理解するための3つのポイント

Point
① 全世界のさまざまな業界へ向けたDX支援

世界119カ国に拠点を置くマイクロソフトは、世界のほぼすべての業界のクライアントに向けてDX(デジタル・トランスフォーメーション)を支援。クライアントのニーズに合わせて、AIを含めさまざまな角度からテクノロジー支援をしていく"縁の下の力持ち"として最新のテクノロジーを提供しています。

Point
② ハードウェアからクラウドまで幅広い製品を提供

インフラやアプリ、ハードウェアからクラウドサービスまで幅広い製品およびソリューションをもっていることがマイクロソフトの強み。企業向けのクラウドサービス、一般向けのゲーム機器など、身近な製品から法人のテクノロジーを支えるインフラ周りのソリューションまで、多くの引き出しをもち合わせています。

Point
③ 社員が学び、成長し続ける文化

「Growth Mindset(成長志向)」という言葉がカルチャーの根幹として根づいています。特に他者貢献やチームワーク、成長し続けることを大切にしており、実際の評価制度にも紐づいています。また、全社員でカルチャーについて考えるセッションを実施するなど、多様性を尊重する環境づくりにも積極的です。

会社名	日本マイクロソフト株式会社	
本社所在地	東京都港区港南2-16-3 品川グランドセントラルタワー	
代表者名	津坂美樹	
資本金	国内	4億9950万円
沿革	1975年　マイクロソフトコーポレーション設立 1986年　マイクロソフト株式会社設立 2011年　社名を日本マイクロソフト株式会社に変更	
事業内容	ソフトウェアの販売、およびクラウドサービス、デバイスの営業・マーケティングを行う。主な製品にWindows、WordやExcel、Teamsなどビジネス向けアプリ、Surfaceなどのデバイス、AIを搭載したMicrosoft Copilotがある	
売上高	グローバル	2119億1500万USドル（2023年）
	国内	8858億円（2022年）
従業員数	グローバル	22万1000人（2023年）
	国内	3040人（2022年）
拠点数	グローバル	119カ国
	国内	3拠点

採用ページ（2024年2月時点）

STEP1

スマートフォンなどで下記のQRコードを読み取ると、同社の採用ページにアクセスします。

STEP2

採用ページにアクセスしたら、エントリーに進めます。

Chapter. 3

外資系人気企業の最新採用情報

クライアントに寄り添った製品提案を

日本マイクロソフト
モビリティサービス事業本部
森下瑠里花さん

お茶の水女子大学文教育学部卒。2022年に日本マイクロソフト
に新卒入社。現在はモビリティサービス事業本部にて、鉄道会社
向けのDX提案に携わる営業担当。

──日本マイクロソフトへの入社の経緯を教えてください。

森下　大学では社会学を専攻しました。大学3年の夏にマイクロソフト
のサマーインターンに参加して、内定を得ました。内定後、インターン
として政策渉外・法務本部の社会貢献チームに参加し、NPOと協働して
コロナ禍の就労支援などを行って、入社後からは営業に従事しています。
　私は以前よりサステナビリティに興味があったのですが、インターン
を通して、例えばいかに企業が排出するCO_2を削減するかといったとこ
ろにもマイクロソフトがかかわっていることを知りました。**社会貢献と
多様性を重視するミッションとカルチャーに共感し、早くここで社員と
して働きたいと思いました**。

──現在の仕事内容を教えてください。

森下　現在はモビリティサービス事業本部にて、鉄道会社のクライア
ント向けにDXの提案を行っています。例えば、Teams、Word、Excel、
PowerPointなどといった、Microsoft 365と呼ばれるツールや、今、話
題のChatGPTをはじめとする生成AI関連のサービスを提供しています。
　それぞれの製品を専門に担当する技術職の社員が製品訴求をする前
に、お客様の鉄道現場で働く方から経営層まで、幅広い層から課題や目
標についてヒアリングをします。その内容をもとに**いかにマイクロソフ
トがお客様の役に立てるのか戦略を立て、サービスを提案します**。その

後、ツール活用のフォローもします。お客様に寄り添った営業活動の幅の広さがこの仕事の魅力ですね。

──日本マイクロソフトでのキャリアについて教えてください。

森下　採用は職種別なのですが、配属後に別の事業に移りたい場合には、面接を経て職種を移ることができます。私は現在、営業部で鉄道会社を担当していますが、例えば人事部門に移るときだけでなく、鉄道から官公庁部門への異動など、担当する業界が大幅に変わる場合にも面接を受けます。

　社員以外にも公開されているCareers at Microsoftというサイトに全世界で募集中のポストが掲載されていて、社員もそこから応募するしくみです。また、このしくみを用いて海外勤務も可能です。

──日本マイクロソフトで活躍している社員はどんな人が多いですか。

森下　マイクロソフトが社会に提供できる価値に自信をもち、クライアントやパートナー企業とともに一緒に社会を変えていく意識をもって行動している人が活躍していると思います。

　私自身、内定者インターンの際にお世話になった上司に教えていただいた、社会を変えようとするエネルギーやマインドセットを、以降の業務でも忘れずに取り組んでいます。

日本マイクロソフトを志す学生のみなさんへメッセージ

自分のやりたいことや興味があることを周りに発信していくと、周りに波及して、応援やサポートをしてもらえます。私自身、就活を通じて、その応援が自分の原動力になったと感じています。自分を信じてチャレンジを続けてください！

日本マイクロソフト
新卒採用 スケジュール

▶ 2024年（2026年卒対象）のエントリーから内定までの流れ

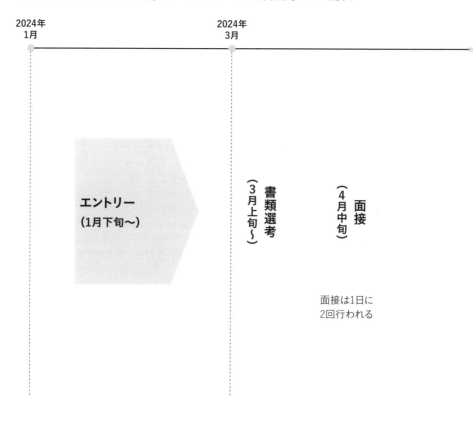

2024年
1月

2024年
3月

エントリー
（1月下旬〜）

書類選考
（3月上旬〜）

面接
（4月中旬）

面接は1日に
2回行われる

インターンの魅力

実際の業務に取り組みながら成長を実感

　インターンは約8〜9週間のプログラムで、各部門に配属され、実際の業務に取り組みます。マイクロソフトの最新テクノロジーに触れつつ、社員との交流も図れます。インターンシップの最後の成果発表では、マネジャーからフィードバックをもらうことができます。自身の成長を実感でき、パフォーマンスしだいでは早期選考に参加することもできます。

新卒採用のスケジュールを参考に、就活計画を立てましょう。

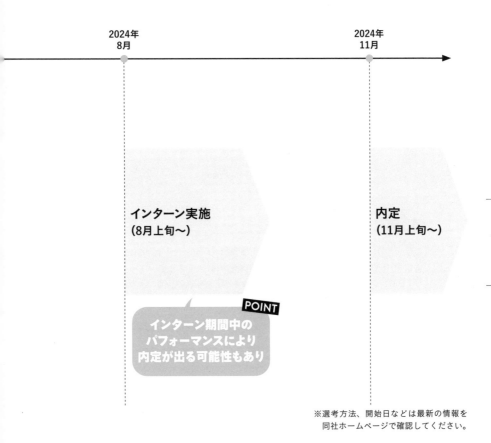

2024年
8月

2024年
11月

インターン実施
(8月上旬〜)

内定
(11月上旬〜)

POINT

インターン期間中の
パフォーマンスにより
内定が出る可能性もあり

※選考方法、開始日などは最新の情報を
同社ホームページで確認してください。

求める人材像

向上心を忘れず世界を意識して取り組む

　マイクロソフトカルチャーの根幹である「Growth Mindset（成長志向）」に共感し体現できる方、多様な環境のなかでOne Microsoftとして日本市場のお客様に対して貢献し、より大きなインパクトを与えたいと強く思っている方を求めています。営業部門やテクニカル部門が連携する形で案件に取り組んだり、グローバルのリソースを使って結果を出すことが求められるので、コラボレーションできる姿勢も大切です。

\ Ｉ Ｔ 業 界 の リ ー デ ィ ン グ カ ン パ ニ ー /

シスコシステムズ

IT業界のリーディングカンパニーとして、**IT関連機器の製造・販売やサービス提供を行う**。「**すべての人にインクルーシブな未来を実現する**」を目的に、テクノロジーを通して世界中の人々に貢献していくことを企業理念としています。

シスコシステムズを理解するための3つのポイント

Point
① … 40年にわたりIT業界をリード

IT、ネットワークセキュリティ、ITインフラを主軸としたリーディングカンパニーとして、アメリカでは40年以上、日本では30年以上、業界を牽引してきたシスコシステムズ（以下、シスコ）。インターネット接続に欠かせないネットワーク関連機器の製造・販売を中心に、多岐にわたるITサービスを提供しています。

Point
② … 働きがいを感じられる職場づくりを徹底

社員やその家族の健康と安全を優先し、在宅勤務をはじめとするさまざまな働き方改革を推進。そうした取り組みが評価され、Great Place to Work® Institute Japanが実施する「働きがいのある会社」（2023年版）で1位に選出されています（1位になったのは、2018年、2021年に続き3回目）。

Point
③ … 社会の誰一人も取り残さない

貧困や餓え、格差……。世界は地域によりさまざまな、そして解決困難な問題を抱えています。「すべての人にインクルーシブ（包括的）な未来を実現する」ことをパーパスに掲げているシスコは、自社製品やソリューションを通して、誰が、世界のどこにいてもテクノロジーの恩恵を受けられ、誰一人取り残さない社会をつくることを使命としています。

会社名	シスコシステムズ合同会社
本社所在地	東京都港区赤坂9-7-1 ミッドタウン・タワー シスコ受付：21階
代表執行役員社長名	濱田義之
資本金	4億5000万円
沿革	1992年　日本シスコシステムズ株式会社設立 2007年　シスコシステムズ合同会社に改称
事業内容	ネットワークシステムに関連する機器の開発・製造・販売を行う。ネットワークセキュリティ、スイッチ、ルーターなど、インターネットへの接続に欠かせない機器の世界トップのマーケットシェアを誇っている
売上高	非公開
従業員数	約1300人（2021年8月現在）

採用ページ(2024年2月時点)

STEP1

スマートフォンなどで下記のQR
コードを読み取ると、同社の採用
ページにアクセスします。

STEP2

採用ページにアクセスしたら、エントリーに進めます。

「働きがい」は社員の意識も大事

シスコシステムズ合同会社
営業
森岡真優さん

2020年、小樽商科大学商学部卒。同年にシスコシステムズ合同会社に新卒入社。2021年8月より西日本エリアのサービスプロバイダ向けビジネス、社内ITビジネスに携わる。

──シスコへの入社の決め手を教えてください。

森岡　IT業界で働いていた父の影響で、IT業界をメインに就活を行っていました。父は、私が幼少のころから全国を飛び回ったり、単身赴任で働いたりしていました。休みの日になると、「ITは世の中の人が普段気付かないところで社会を支えているんだよ」というような話をしてくれていたのが、とても印象に残っています。

　その言葉のとおり、今やITはユーザーの特徴を問わず、世界中の地域や業界、生活に必要不可欠なものとなりました。**世界的に利用実績のあるさまざまなソリューションを活用し、社会の通信インフラを支える「縁の下の力持ち」になりたいと考え、入社を決めました。**

　それに、グローバル企業に入社することで仕事のスケールが大きくなるという期待もありましたね。

──現在の仕事内容を教えてください。

森岡　2020年に入社後、情報通信事業部にて東日本エリアのキャリア通信（モバイルバックホール）に向けた機器の案件を担当していました。2021年からは大阪へ異動し、**主に西日本エリアのサービスプロバイダ向けビジネス（次世代ネットワークの検討など）や社内ITに向けたプロダクトやソリューションの提案をしています。**また、社内の各種イベントやダイバーシティ施策推進活動にも積極的に参加しています。ITはどの

業界にも必要なインフラなので、自分には直接見えていないところで、さまざまな業界を間接的に支えられることをうれしく思っています。

──仕事のやりがいについて教えてください。

森岡　自分が携わった案件で実際に製品が導入され、活用されているところを見たときには感動します。

また、顧客と一から関係性を構築していき、一緒に共通課題を議論し解決していくのはとても難しいです。しかし、**難しいからこそ、乗り越えられたときには大きな成長ややりがいを感じます**。なかには辛いなと感じることもあるのですが、周りにいるメンバーが必ず助けてくれるので、モチベーション高く取り組めています。メンバーがときには叱ってくれたり、成果を挙げたら褒めてくれたり、そうした人の温かさに触れると「がんばってよかった！」と思えますね。

──今後、シスコで取り組みたいことは何ですか。

森岡　次世代につながるネットワークを顧客と一丸となって検討、構築し、よりよい社会を支えるインフラをつくっていきたいです。

また弊社は、Great Place to Work® Institute Japanの「働きがいのある会社」（2023年版）では1位となりましたが、これは単に会社の制度だけではなく、社員一人ひとりの意識によるところも大きかったと思っています。**"働きがいのある会社"を支えるメンバーとして、業務以外のプロジェクトにも積極的に参加していきたいです。**

シスコを志す学生のみなさんへメッセージ

シスコはダイバーシティを重視し、社員一人ひとりの「やりたい！」という思いを実現、そして成長できる環境が整っています。優秀で温かいメンバーと一緒に、「すべての人にインクルーシブな未来」を実現していきましょう！

▶ **2023年（2025年卒対象）のエントリーから内定までの流れ**

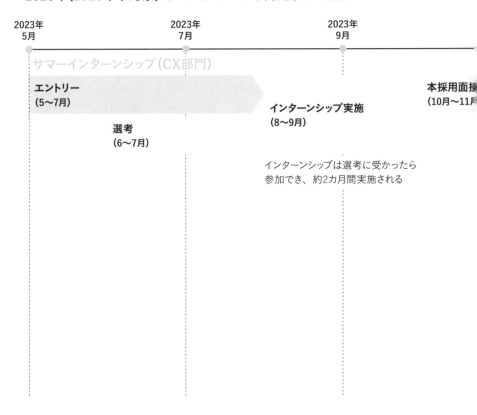

| 2023年5月 | 2023年7月 | 2023年9月 |

サマーインターンシップ（CX部門）

エントリー
(5〜7月)

選考
(6〜7月)

インターンシップ実施
(8〜9月)

本採用面接
(10月〜11月)

インターンシップは選考に受かったら
参加でき、約2カ月間実施される

世界最先端のIT企業で、実地に近い職業体験ができる

　サマーインターンシップはCX部門（テクニカルコンサルティングエンジニア職、コンサルティングエンジニア職）で実施。5月から応募が始まり、選考を経て2カ月間のプログラムに参加、メンターの指導を受けながら顧客対応などの業務を行ったり仮想のお客様への課題解決に当たったりします。インターンシップ参加者は役員との面接（1回）を経て、本採用面接に進むかどうかが決定されます。

過去の新卒採用のスケジュールを参考に、
就活計画を立てましょう。

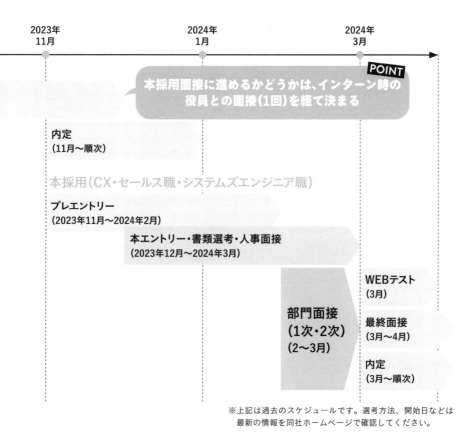

|2023年11月|2024年1月|2024年3月|

POINT
本採用面接に進めるかどうかは、インターン時の
役員との面接(1回)を経て決まる

内定
(11月〜順次)

本採用(CX・セールス職・システムズエンジニア職)

プレエントリー
(2023年11月〜2024年2月)

本エントリー・書類選考・人事面接
(2023年12月〜2024年3月)

WEBテスト
(3月)

部門面接
(1次・2次)
(2〜3月)

最終面接
(3月〜4月)

内定
(3月〜順次)

※上記は過去のスケジュールです。選考方法、開始日などは
最新の情報を同社ホームページで確認してください。

求める人材像

自分だけではなく、周りの人にも目を向ける

常に当事者意識をもてる人を求めています。自身の業務や仕事の領域が決まっていたとしても、ときには垣根を超えてチームや他者のために、全力を尽くせる意識をもっていてほしいです。また、他者に興味をもち、自分の行動が他者へおよぼす影響に目を向け、自発的に行動できるような人材を求めています。

＼ クラウドサービスの最大手 ／

アマゾン ウェブ サービス ジャパン

急速な成長を続けるクラウドサービスの最大手

　アマゾン ウェブ サービス（AWS）は、クラウドコンピューティングのサービスプロバイダとしては世界最大手のひとつ。2006年に米アマゾンの1サービスとしてストレージサービスが始まって以降、急速に規模やサービス内容を拡大し、現在ではベンチャー企業から大企業、公共機関まで、全世界に数百万もの顧客を抱えるに至りました。

　2015年、日本法人としてアマゾン ウェブ サービス ジャパンが設立され、すでに60以上ものデータセンターと数十万規模の顧客を有するなど、こちらも急速な勢いで成長が進んでいます。

年平均20パーセントの高い成長率が見込まれる

　AWSの2022年のグローバルでの売上は800億ドル（約11兆円）。

　米フォーチュン誌によると、世界のクラウドコンピューティング市場は2030年までの平均で年間20パーセントの高い成長率を維持し続けると予想されています。この成長率は、クラウド業界トップのAWSの成長が大きな要因のひとつといえます。

　また、日本において、2023年の実績を含む2027年までの5年間で149億6000万ドル（2兆1700億円）の投資を予定しており、今後も企業規模の拡大が見込まれます。

会社名	アマゾン ウェブ サービス ジャパン合同会社	
本社所在地	東京都品川区上大崎3-1-1 目黒セントラルスクエア21階	
代表者名	長崎忠雄	
資本金	国内	非公開
沿革	2006年　クラウドサービス（AWS）を提供開始 2015年　アマゾンウェブサービスジャパンが設立	
事業内容	データベースやコンピューティグなどのITリソースをインターネット経由で、オンデマンドで利用できるクラウドサービス事業を展開。初期投資やリソース調達、メンテナンスなどの作業に人的リソースを割く必要がなく、企業や政府からの利用が盛ん	
売上高	グローバル	800億ドル（2022年）
	国内	非公開
従業員数	グローバル	非公開
	国内	非公開
拠点数	グローバル	24カ国
	国内	2 拠点

採用ページ (2024年2月時点)

STEP1

スマートフォンなどで下記のQRコードを読み取ると、同社の採用ページにアクセスします。

STEP2

採用ページにアクセスしたら、エントリーに進めます。

\ 世 界 中 の 人 々 の 生 活 を 支 え る 巨 大 企 業 /

アマゾンジャパン

地球上で最もお客さまを大切にする企業

「インターネット専門の小売店」としてスタートしたアマゾンは、2000年に日本に進出した際には洋書のみを取り扱っていました。しかし、現在では、数億種類の商品を取り扱う総合オンラインストアに成長しています。そして、KindleシリーズをはじめとするAmazonデバイスや、プライベートブランド商品のほか、さまざまなサブスクリプションサービスを提供するに至りました。

アマゾンは、「地球上で最もお客さまを大切にする企業」を経営理念に掲げ、先進的な取り組みを行っています。例えば、倉庫においてはいち早くロボットを導入したり、ドローンによる配達を模索したりと、サービスを進化させること、ユーザー・エクスペリエンスを向上させることに積極的な企業として知られています。

毎年売上の安定的な伸びを確保

サービス開始以来、安定的に売上を伸ばし続けているのがアマゾンジャパンの特徴です。

同社の2022年の売上は前期比5.7パーセント増の243億9600万ドル（約3.5兆円）。これはグローバルでの売上の約4.7パーセントに相当します。

会社概要

会社名	アマゾンジャパン合同会社	
本社所在地	東京都目黒区下目黒1-8-1 アルコタワー	
代表者名	ジャスパー・チャン	
資本金	国内	非公開
沿革	1995年 ジェフ・ベゾスが「インターネット専門の小売店」として設立 2000年 日本でAmazon.co.jp オープン、洋書の販売開始 2013年 初の地方支社「アマゾンジャパン 大阪支社」、「アマゾン ウェブ サービス ジャパン 大阪支社」を開設	
事業内容	数億種類の商品を取り扱う総合オンラインストアの展開、Eコマース事業の展開、「Amazonプライム」の提供、電子書籍・音声サービスの展開	
売上高	グローバル	5140億ドル（2022年）
	国内	243億9600万ドル（2022年）
従業員数	グローバル	約150万人
	国内	非公開
拠点数	グローバル	非公開
	国内	2拠点

採用ページ（2024年2月時点）

STEP1

スマートフォンなどで下記のQRコードを読み取ると、同社の採用ページにアクセスします。

STEP2

採用ページにアクセスしたら、エントリーに進めます。

Chapter. 3 外資系人気企業の最新採用情報

＼ 検索エンジンから巨大IT企業へ ／

グーグル

検索エンジンからスタートした巨大IT企業

　検索エンジンからスタートした学生ベンチャー企業も、現在では世界的な大企業になりました。グーグルのホームページは世界で最も閲覧されるページのひとつで、まさに検索エンジンの代名詞的存在。

　現在はインターネット関連サービスはもちろんのこと、ChromeOSやAndroidといったOS事業、Google Pixelなどのハードウェア事業、YouTubeのようなプラットフォーム事業でも世界的な成功を収めており、「ビッグ・テック」と呼ばれる米国IT大手の中にあって確固たる地歩を固めています。

　日本進出は2001年。はじめての現地法人で、携帯電話の所持率が高かった当時の日本市場をグーグルが重要視していたためといわれています。

積極的なM&Aによって成長を加速

　米スタンフォード大学院生らによる研究プロジェクトから始まったグーグルは、2000年に検索キーワードに関連する広告を表示するビジネスモデルを確立しました。その後も事業拡大を続けたグーグルは売上を伸ばし続けており、2023年のグローバルでの売上は3074億ドル（約44兆円）、純利益は738億ドル（約10兆円）となっています。

　こうして四半世紀で40兆円企業にまで成長した要因として、買収（M&A）が挙げられます。動画配信プラットフォームを提供するYouTubeやウェアラブル端末を開発するFitbitなど、優れた技術をもつ企業を積極的に買収することで、グーグルは成長を加速させています。

会社名	グーグル合同会社	
本社所在地	東京都渋谷区渋谷3-21-3 渋谷ストリーム	
代表者名	奥山真司	
資本金	国内	非公開
沿革	1995年 ラリー・ペイジとサーゲイ・ブリンが出会い、翌年に共同でBackrubという名の検索エンジンを作成 1998年 法人化。カリフォルニア州メンローパークのガレージで事業開始 2001年 日本法人を設立（設立当初はグーグル株式会社）	
事業内容	世界最大の検索エンジンを運営。オンライン広告、クラウドサービス、ソフトウェア、ハードウェア事業を展開。Googleマップや YouTubeなどのWebサービスから、スマートフォンのGoogle Pixel などハードウェアも手掛ける	
売上高	グローバル	3074億ドル
	国内	非公開
従業員数	グローバル	約18万人
	国内	非公開
拠点数	グローバル	非公開
	国内	2拠点

採用ページ (2024年2月時点)

STEP1

スマートフォンなどで下記のQRコードを読み取ると、同社の採用ページにアクセスします。

STEP2

採用ページにアクセスしたら、エントリーに進めます。

\ ＣＲＭソリューションで世界一 /

セールスフォース・ジャパン

世界中の企業にCRMソリューションを提供

　セールスフォースは、CRM（顧客関係管理）ソリューションの世界ナンバーワンベンダーです。顧客情報管理や営業支援、購買傾向や認知傾向の把握、市場分析といった、顧客との良好な関係を構築・維持するために必要なツールをクラウドプラットフォームから提供しています。

　同社のソリューションは、製造・金融・教育・医療など、14もの業種に特化したものが用意されているのが特徴で、AIを自社技術に取り込んでいくことにも熱心です。米国有力経済誌が選出するイノベーティブ企業ランク上位の常連でもあります。

　米国での創業は1999年。翌年の2000年にはセールスフォース・ジャパンを設立するなど、短期間のうちに急速に規模を拡大してきました。ビジネスのさまざまなシーンに対応できるサービスを展開し、企業の業務効率を上げる力となっています。

2024年は9パーセント売上伸長の予測

　近年もセールスフォースの業績は好調です。クラウドサービスの堅調な需要を追い風に売上を伸ばし、2023年の通期売上高の見通しを1億〜2億ドル増の347億〜348億ドル（約5兆円）へと上方修正しました。

　2024年は前年比9パーセント程度の売上の伸びが予測されています。

会社概要

会社名	株式会社セールスフォース・ジャパン	
本社所在地	東京都千代田区丸の内1-1-3　日本生命丸の内ガーデンタワー	
代表者名	小出 伸一	
資本金	国内	1億円
沿革	*	1999年　米国・カルフォルニア州でセールスフォース・ドットコム創業 2000年　日本で株式会社セールスフォース・ドットコム設立
事業内容	*	ビジネスで用いられるクラウドアプリケーションやクラウドプラットフォームの提供を行う。主な製品としてCustomer 360、Slackコネクト、Service Cloudなどのビジネスアプリケーションがある。同社のクラウドプラットフォームは、PaaS市場で国内シェアトップ
売上高	グローバル	314億ドル（2022年）
	国内	1973億円（2022年）
従業員数	グローバル	約7.9万人
	国内	非公開
拠点数	グローバル	28カ国
	国内	6拠点

採用ページ（2024年2月時点）

STEP1

スマートフォンなどで下記のQRコードを読み取ると、同社の採用ページにアクセスします。

STEP2

採用ページにアクセスしたら、エントリーに進めます。

＼ 良 質 な 製 品 を 提 供 し 、 医 療 の 発 展 を 追 求 す る ／

ジョンソン・エンド・ジョンソン

アメリカ・ニュージャージーに本社を置き、世界各国で医療用医薬品・メドテック（医療機器）をはじめとしたヘルスケア関連製品を扱っています。日本では1961年に創業しました。

ジョンソン・エンド・ジョンソンを理解するための3つのポイント

Point
① ··· イノベーションを追求し、医療の発展に貢献

「私たちのこころと科学の力、画期的な発想力を融合させ、人々の健康にインパクトをもたらす」ことをパーパスとしているジョンソン・エンド・ジョンソン。創業以来、人々のクオリティ・オブ・ライフ（QOL）の向上を目指し、世界が直面する喫緊の健康課題に取り組み、ヘルスケアイノベーションをリード。世界中の誰もが、どこにいても、心身の健康と健全な環境を享受することができる社会を目指しています。

Point
② ··· 受け継がれていく理念「我が信条（Our Credo）」

1943年に会社の果たすべき社会的責任について明記した「我が信条（Our Credo）」を起草。以来、長きにわたりジョンソン・エンド・ジョンソンの企業理念・コアバリューとして、世界に広がるグループ各社・社員一人ひとりに確実に受け継がれ、全世界で事業運営の中核となっています。

Point
③ ··· リーダーシップを発揮できる環境づくり

一人ひとりの社員がリーダーシップを発揮し続けられるように、「Leadership Imperatives」という全社員共通の行動指針を設定し、これにもとづきゴールを設定しています。そのゴールに対して、年間を通して5回、パフォーマンスの進捗状況を上長と確認。オープンで誠実な対話を大切にしています。

会社名	ジョンソン・エンド・ジョンソン株式会社	
本社所在地	東京都千代田区西神田3-5-2	
代表者名	玉井孝直	
資本金	国内	80億円
沿革	1886年　ジョンソン三兄弟により創業 1958年　日本で事業を開始 1961年　ジョンソン・エンド・ジョンソン・ファーイースト・イン コーポレイテッド設立 1970年　外科向け医療品を扱う事業を開始	
事業内容	医家向けの医療機器やその関連製品の輸入・製造販売。多様化する医療ニーズに応え、心疾患領域・外科領域・整形外科領域・脳血管疾患・眼科領域に強みをもち、使い捨てコンタクトレンズも扱っている	
売上高	グローバル	949億4300万USドル（2022年 J&Jグループ）
	国内	非公開
従業員数	国内	2537人（2022年）
拠点数	グローバル	非公開
	国内	東京本社、須賀川事業所、物流センター（羽田・神戸）、主要都市に支店・営業所あり

※グローバルの情報はグループ、日本の情報はコンタクトレンズを含む医療機器を扱うジョンソン・エンド・ジョンソン株式会社の情報

採用ページ（2024年2月時点）

STEP1

スマートフォンなどで下記のQRコードを読み取ると、同社の採用ページにアクセスします。

STEP2

採用ページにアクセスしたら、エントリーに進めます。

先輩社員インタビュー

グローバルな環境で人の役に立てる

ジョンソン・エンド・ジョンソン株式会社　メディカル カンパニー
ジョンソン・エンド・ジョンソン インスティテュート　マネジメントチーム

渡邉真耶さん

慶應義塾大学総合政策学部を卒業し、新卒でジョンソン・エンド・ジョンソンに入社。医療機器やソリューションを提供するメドテック部門の営業職を経て、医療従事者対象のトレーニング施設のマネジメントに従事。2024年からは、米国に拠点をもつグローバルトレーニングチームに所属し、教育・学習に関するプログラムへ参加予定。

──入社の経緯を教えてください。

渡邉　大学を卒業後、新卒でジョンソン・エンド・ジョンソンに入社しました。グローバルな会社で働きたいというのが就活の軸のひとつでしたので、外資系企業に絞って就活を続けていました。ふたつ目の就活の軸として、誰かの役に立っているということを日々強く感じられる仕事に就きたいという思いがありました。

　ジョンソン・エンド・ジョンソンの説明会に参加したところ、**グローバルな環境で、かつすべての業務が患者さんの役に立つことにつながる**ということで、自分の就活の軸に合うと感じ、入社を決めました。

──現在の業務内容について教えてください。

渡邉　現在はジョンソン・エンド・ジョンソン インスティテュート（JJI）と呼ばれる、医療従事者にジョンソン・エンド・ジョンソンの製品の安全・適性使用を伝えるトレーニングセンターに従事しています。新卒で入社した当時は、外科手術製品を扱う部署で営業を担当していました。それから5年経ち、そろそろ次のステップに進みたい、別の業務もやってみたいなどと考え、上司と相談し、JJIに異動することになりました。JJIは東京、須賀川、大阪にありまして、チームメンバーとともに管理・運営を行っています。また、日本全国には小規模のラーニングスタジオも設置しており、これらの施設の管理を担当しています。ほかに、メドテッ

ク（医療機器）部門の4つの事業部の業務にも携わっています。

　医療従事者の方から「製品の理解が深まった」と感謝されたときは、この仕事をしてよかったと感じます。今は日本だけではなくアジアの同僚と仕事をすることもあるので、さまざまな業務を通して、ジョンソン・エンド・ジョンソンという会社全体を俯瞰しながら、視座を上げて業務に取り組むことがやりがいにつながっています。

──仕事を通して大変なことはありましたか？

渡邊　**自分の力をストレッチ（負荷をかけて伸ばす）させて取り組むべき業務を任されることもあります。**私の場合、入社当時は医療現場に直接かかわる仕事だということもあり、かなり緊張していました。しかし、上司や同期など、仕事に関して相談できる相手も周りにいますし、今では安心して業務に取り組んでいます。

　営業の部署にいたときには先輩方や新メンバーに協力を仰ぎ、工夫して取り組むことで、ある製品のセールスで1位になることができました。

──ジョンソン・エンド・ジョンソンの社風や文化を教えてください。

渡邊　年齢や性別、国籍といったバックグラウンドを問わず、その人の能力や結果を評価してくれる会社だと感じています。チャレンジングな部分もありながら、成長実感を得ることのできる会社です。

　さらに、業務上で扱う医療機器、医療製品を通じて、**医療従事者の方々やその先にいる患者さんの役に立っていることを日々強く実感できます。**

ジョンソン・エンド・ジョンソンを志す学生のみなさんへメッセージ

ジョンソン・エンド・ジョンソンの社員は全員チャレンジ精神が強く、ポジティブに仕事に取り組む人が多いです。何事にも前向きに取り組める人、誰かの役に立ちたい人と一緒に働きたいです！

ジョンソン・エンド・ジョンソン
過去の 新 卒 採 用 スケジュール

▶ 2023年（2025年卒対象）のエントリーから内定までの流れ

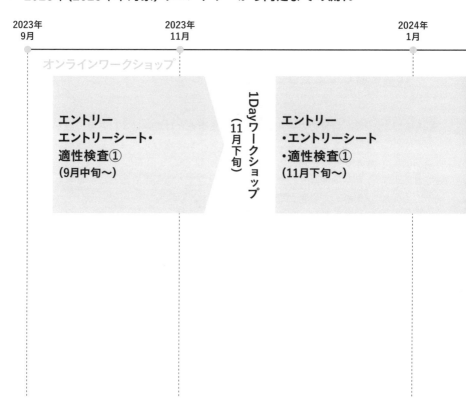

1Dayワークショップの魅力
日本の医療現場の課題に取り組む

　1Dayワークショップはオンラインで実施され、応募者多数の場合はエントリーシートの提出と適性検査の受験によりエントリー完了となります。日本の医療現場が抱える課題などが出題され、ジョンソン・エンド・ジョンソンだからこそできることを、ビジネスの現場で実際に使われているフレームワークや考え方を使って解決します。

過去の新卒採用のスケジュールを参考に、
就活計画を立てましょう。

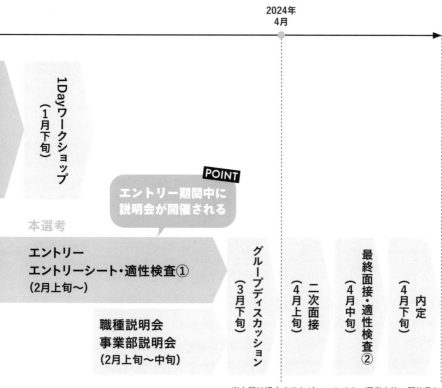

2024年
4月

1Dayワークショップ
（1月下旬）

POINT
エントリー期間中に
説明会が開催される

本選考

エントリー
エントリーシート・適性検査①
（2月上旬〜）

職種説明会
事業部説明会
（2月上旬〜中旬）

グループディスカッション
（3月下旬）

二次面接
（4月上旬）

最終面接・適性検査②
（4月中旬）

内定
（4月下旬）

※上記は過去のスケジュールです。選考方法、開始日などは
最新の情報を同社ホームページで確認してください。

求める人材像

成長志向をもち、イノベーションを起こせる人材

　自らのアイデアで業界や市場、社会に変化を生み出すことができ、人の健康や人生に貢献できる仕事に取り組める会社です。さまざまな可能性のなか、自ら成長できる環境で働きたい人、顧客目線で真摯に仕事に取り組みたい人を求めています。

\ 世 界 最 大 の 食 品 ・ 飲 料 メ ー カ ー /

ネスレ日本

ネスレは、スイスに本社を置く世界最大の食品・飲料メーカー。1866年に設立し、1913年に横浜に設立された日本支店より日本での営業を開始。主にコーヒーや菓子、ペットフードなどを取り扱っています。

ネスレ日本を理解するための3つのポイント

Point
① … **CSVにもとづく社会課題の解決**

「食の持つ力で、現在そしてこれからの世代のすべての人々の生活の質を高めていきます」というパーパス（存在意義）のもとで活動するネスレ。そのために、事業活動のなかで社会課題の解決に取り組み、経済的な価値と社会的な価値の両立を目指そうとするアプローチ——CSV（共有価値の創造）の考え方を実践しています。

Point
② … **高品質な製品とブランド価値**

「ネスカフェ」「キットカット」など、なじみ深い製品の製造販売を行うネスレ日本は世界最大の食品・飲料企業です。世界中の人々に対して高品質で安全な食品飲料を提供するという責任を担い、おいしく、心にも体にもうれしい、そして使いやすく環境に配慮された製品やサービスを提供することを大切にしています。

Point
③ … **イノベーションと多様性への取り組み**

2011年から全部門を対象に社内コンテスト「イノベーションアワード」を開催。顧客の課題を発見し、解決方法を検討することに加え、事業化に向けてのテストまで行うもので、自らのアイデアを実行できます。 また、社員のライフステージを応援する支援施策「F-work@Nestlé」をスタートさせ、プライベートと仕事の両立支援を推進しています。

会社名	ネスレ日本株式会社	
本社所在地	神戸市中央区御幸通7-1-15 ネスレハウス	
代表者名	深谷龍彦	
資本金	国内	40億円
沿革	1905年　前身のアンリ・ネスレが創業した会社がアングロ・スイスと合併して現在のネスレグループへ 1913年　ネスレ・アングロ・スイス煉乳会社が横浜に日本支店を開設	
事業内容	飲料、食料品、菓子類、ペットフード類の製造・販売を行う。 植物由来の食品・飲料を、安全かつ高品質な状態で手頃な価格で提供する	
売上高	グローバル	944億スイスフラン（2022年）
	国内	非公開
従業員数	グローバル	約27万5000人
	国内	約2400人（グループ各社社員含む）
拠点数	グローバル	77カ国
	国内	11拠点

採用ページ（2024年2月時点）

STEP1

スマートフォンなどで下記のQRコードを読み取ると、同社の採用ページにアクセスします。

STEP2

採用ページにアクセスしたら、エントリーに進めます。

新しい仕事にどんどん挑戦できる環境

ネスレ日本株式会社
マーケティング＆コミュニケーションズ本部
後藤 翔さん

理学研究科を卒業後、2017年にネスレ日本へ入社。マーケティング＆コミュニケーションズ本部所属。3つの部署を経て、現在は媒体統括部として従事。

——ネスレ日本への入社の決め手を教えてください。

後藤　大学院の理学研究科に所属し、生物系を研究していたこともあって、就活の際はメーカーを軸に考えていました。食品企業の合同企業説明会でネスレ日本の話を聞く機会があったのですが、「ネスレパスコース」という独自の選考方法を行っており、とてもユニークだな、と。**この選考方法なら、選考を通して会社のことをよく知ることができ、自分のこともよく見てもらえると感じました。**

社員の話を聞いていくうちに、各人の特性を踏まえて新しい仕事をどんどん任せてもらえたりとフレキシブルなキャリア形成ができることがわかり、社員それぞれに合った道をパーソナライズしてくれる点に惹かれました。大学は理系でしたから製造部門での採用が一般的だと思いますが、入社時からマーケティング本部での仕事を担当させてもらっています。

——入社後、どのようなお仕事をされてきましたか。

後藤　2017年に新卒で入社して、マーケティング＆コミュニケーションズ本部に所属しました。最初の1年間はコンシューマーリレーションズデパートメントという、いわゆる顧客対応部で勤務。その後、部署を2つ経験して、現在はメディアスペシャリストとして媒体統括部に従事しています。

入社から一貫して、新しいことにどんどん挑戦していきたいと考えて

おり、そのことは上司にも話をしていました。結果的に6年ほどで4つの部署を経験させてもらい、充実したキャリアを歩めています。

　現在、所属している媒体統括部は、他社でいう広告宣伝部です。「ネスカフェ」や「キットカット」など、ネスレ日本がもつ各ブランドの広告施策を担当しています。消費者に対してどのようなメディアコミュニケーションを行うのかプランニングし、広告代理店やメディアの方々と広告を展開していきます。**みなさんの知っているような大きなブランドのプロジェクトは、やり遂げるたびに大きな達成感がありますね。**

──ネスレ日本の社風や文化について教えてください。

後藤　同期や先輩後輩、中途で入った人とも、すごくコミュニケーションがとりやすいです。**同じ会社、ブランドを背負って盛り上げていくために、同じ目標をもって動くので、とても連携がしやすいです。**

　また、マネジメント層に限らず全社員が、イノベーションを起こすために現状を切り開いていこうとする文化があります。

──ネスレ日本で働いている社員にはどんな人が多いですか。

後藤　これまで4人の上司のもとで仕事をしてきましたが、みなさん、よく部下の話を聞いてくれました。ティーチングとコーチングをきちんと使い分けているように思います。「このように動くので最後にフォローしてもらいたい」といった話も気兼ねなくできますし、その点では上下や横の垣根を越えて、ゴール達成のために協働していく社員が多いです。

ネスレ日本を志す学生のみなさんへメッセージ

イノベーションを起こすには主体性と好奇心が大事だと考えています。ネスレ日本で働くことに興味をもっていただけたなら、まずはネスレ日本の製品を知り、説明会に参加をし、主体性と好奇心をもって取り組んでいただいて、悔いのない就職活動にしてください！

過去の 新卒採用 スケジュール

▸ **2023年（2025年卒対象）のエントリーから内定までの流れ**

2023年
5月

2023年
9月

ネスレパスコース　第2（夏）ターム

エントリー
（5月中旬〜）

8Days
Mission
（6月中旬〜）

1次面接
（7月中旬〜）

ネスレチャレンジ
プログラム
（8月中旬）

2次面接
（随時）

最終面接
（随時）

内定（随時）

POINT
**エントリーの
機会は3回ある**

いずれも選考過程は同じ

「ネスレパスコース」とは、インターンシップを含むネスレ日本独自の選考方法。全職種が対象となり、年齢・学籍・国籍などの採用対象を限定せず、オープンにエントリーを受け付けている。

ネスレパスコース第3（冬

エントリー
（9月中旬〜）

部門別インターンシップ

エントリー
シート提出
（6月下旬〜
7月下旬）

グループ
ディスカッション
（8月上旬）

1次面接
（8月下旬）

インターン
シップ
（9月下旬）

インターンの魅力

ネスレの考え方を学べる選考型インターン

　ネスレパスコースでは、チャレンジプログラムと称したインターンシップは2日間、部門別のインターンシップは3日間実施。ネスレの考え方や部署について理解した上で、チャレンジプログラムでは、社員も参加してさまざまな課題に取り組み、部門別のインターンシップでは部署に特化したワークを行います。両方とも選考過程のひとつとして実施されます。

過去の新卒採用のスケジュールを参考に、
就活計画を立てましょう。

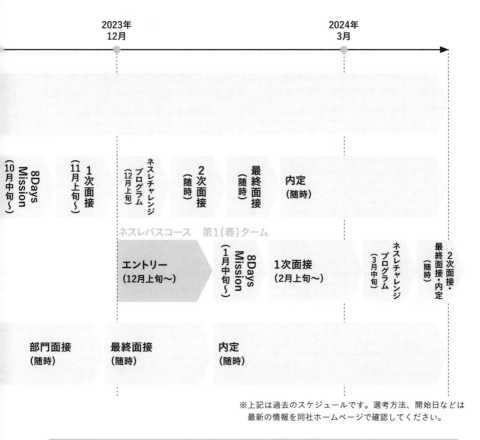

2023年
12月

2024年
3月

| 8Days Mission (10月中旬〜) | 1次面接 (11月上旬〜) | ネスレチャレンジプログラム (12月上旬) | 2次面接 (随時) | 最終面接 (随時) | 内定 (随時) |

ネスレパスコース　第1(春)ターム

| | エントリー (12月上旬〜) | 8Days Mission (1月中旬〜) | 1次面接 (2月上旬〜) | ネスレチャレンジプログラム (3月中旬) | 2次面接・最終面接・内定 (随時) |

| 部門面接 (随時) | 最終面接 (随時) | 内定 (随時) |

※上記は過去のスケジュールです。選考方法、開始日などは
最新の情報を同社ホームページで確認してください。

求める人材像

「イノベーション」を起こせる人材

　ネスレ日本では、顧客が気づいていなかった、または今まであきらめていた課題を
見つけて、解決に導くことを「イノベーション」と呼んでいます。志の高さ、リーダー
シップ、感性の鋭さ、ポジティブ思考、バイタリティといった要素をもち合わせていて、
発想を変える姿勢や、自らリスクを背負い現状を切り拓いていく姿勢、高い視座を意
識して「イノベーション」を起こせる人を求めています。

＼ 世界最大の日用消費財メーカー ／

P&Gジャパン

アメリカ・オハイオ州に本社を置く、世界最大の日用消費財メーカー。主に洗濯用洗剤、ヘアケア用品、ベビー用品、化粧品を取り扱っています。日本では1973年に営業を開始。現在、約180の国々で各種製品を提供しています。

P&Gジャパンを理解するための3つのポイント

Point
① … 世界が認めるリーディング・カンパニー

革新的な取り組みをけん引し、継続的なビジネス成長、人材育成・職場環境の整備、社会への貢献でNo.1を目指すP&G。それらの取り組みは、「コロナ時代の新入社員が選ぶ『働きがいのある企業ランキング』」「女性の成長環境がある企業ランキング2021」（OPENWORK主催）での1位受賞など、各方面から評価されています。

Point
② … 社員一人ひとりの成長に投資

配属1日目から裁量権をもって自分でプロジェクトを進めるなど、積極的に経験を積める環境があります。また、社員全員が「将来を担うリーダーは自分たちの手で育てる」という意識をもっており、研修を内製化。社員が講師を務めることで、よりリアルな学びを得ることができるなど、人材育成への投資も充実しています。

Point
③ … 自分ならではの働き方を推奨

「キャリアは自分で形成するもの」という姿勢を重視しており、その一環として社員が主体的に上司やメンターとの1on1を実施しています。また、E&I（EQUALITY&INCLUSION：平等な機会とインクルーシブな世界の実現）を経営戦略に掲げ、フレックスワークや在宅勤務など、多様な働き方を推奨。最大限に成果を発揮するためのワークスタイルを柔軟に選択することも個人の裁量に任されています。

会社名	P&Gジャパン合同会社	
本社所在地	兵庫県神戸市中央区小野柄通7-1-18	
代表者名	ヴィリアム・トルスカ	
資本金	国内	非公開
沿革	1837年　ウィリアム・プロクターとジェームス・ギャンブルの共同出資により設立 1973年　プロクター・アンド・ギャンブル・サンホーム株式会社が日本で営業開始	
事業内容	衣料用洗剤「アリエール」「ボールド」「さらさ」をはじめとして、柔軟剤「レノア」、エアケア製品「ファブリーズ」、台所用洗剤「ジョイ」、紙おむつ「パンパース」、吸水ケアブランド「ウィスパー」など、各商品群で多くのトップブランドをもつ	
売上高	グローバル	820億USドル(2023年 3月期)
	国内	非公開
従業員数	グローバル	約10万6000人
	国内	約3500人(グループ会社含む)
拠点数	グローバル	約70カ国
	国内	10拠点

採用ページ(2024年2月時点)

STEP1

スマートフォンなどで下記のQRコードを読み取ると、同社の採用ページにアクセスします。

STEP2

採用ページにアクセスしたら、エントリーに進めます。

Chapter. 3　外資系人気企業の最新採用情報

ベストを目指す意識を強くもつ

P&Gジャパン合同会社
新卒採用チーム
大沼陽子さん

首都大学東京都市教養学部（現東京都立大学法学部）卒。2020年
にP&Gジャパンに入社し、戦略人事としてスキンケア部門SK-II
に所属。2023年に日本新卒採用リーダーに就任。

——P&Gへの入社の決め手を教えてください。

大沼　2017年に新卒で日系メーカーに入社し、新卒採用や工場人事を経
験しました。研修や上司・先輩からのサポートなどの環境は充実してい
ましたが、年功序列といった日系特有の文化を体感し、年齢や在籍年数
などではなく、成果や取り組みに応じて評価を受けることのできる会社
で働きたいと思うようになりました。その点を重視して転職活動を行い、
2020年にP&Gジャパンに入社。初めはスキンケア部門「SK-II」の組織
付き戦略人事を担当しました。

　転職活動時は、積極的にチャレンジの機会を与えてくれるP&Gの風
土を魅力的に感じました。また、P&Gにはさまざまな国籍の人が所属し
ており、日本にいながらも多様な文化的背景や価値観をもった社員と働
けるグローバルな環境で自分を磨くことができると感じました。加えて、
P&Gは個人を尊重していて、一人ひとりが最高のパフォーマンスを出せ
る働き方を推進しています。フレックス制度や在宅勤務制度もただ用意
されているだけでなく、社員それぞれが自分に合わせて活用されている
点にも魅力を感じ、P&Gジャパンへの入社を決めました。

——現在の仕事内容を教えてください。

大沼　今は日本の新卒採用の業務を担当しています。部門ごとに採用目
標があり、各部門のリクルーティングリーダーが自部門の目標達成に向

けて動くのですが、そのなかで私は全体の統括として、採用活動の計画・実行、選考プロセスやスケジュールの立案・マネージメントなどの役割を担っています。**各部門のそれぞれのニーズと会社全体として必要なことを包括的に検討し、全体最適に落とし込むのは難しいですが、自分のアイデアを形にできる点はとてもやりがいを感じますし、楽しいところですね。**

──P&Gの社風や文化について教えてください。

大沼　人を最も重要な経営資産だと考え、社員が最大限の能力を発揮できるよう、会社として環境を整えています。また、"Consumer is Boss"の信念にもとづき、**消費者のよりよい暮らしを実現するために日々社員が真剣に取り組んでいるため、年齢・性別・役職にかかわらず、自由に意見交換できる環境が整っています。**上司や先輩を気にすることなく自分の意見を伝え、実行へつなげることができます。

──P&Gで活躍している社員にはどんな人が多いですか。

大沼　ベストを尽くすこと、よりよい結果を出すことへの情熱が強い人ばかりです。方法は人それぞれですが、**主体的に、他者を巻き込みながら高い目標に向かって物事を推進する姿勢が共通します。**このようなリーダーシップスキルは、入社後に社内トレーニングなどを通じて培っている人も多くいます。また、年齢問わず、新たなことを学ぶことや成長への強い意欲をもっています。

P&Gを志す学生のみなさんへメッセージ

自分がどんな環境にいたいのか、何を達成したいのかを軸に企業を選ぶことが重要だと思います。結果、P&Gの環境や、各ファンクション（部門）でやれることが自身のやりたいこととマッチしていたら、ぜひ応募してください！

過去の 新 卒 採 用 スケジュール

▶ **2023年（2025年卒対象）のエントリーから内定までの流れ**

2023年
6月

エントリー・適性検査
（春頃〜6月下旬）

書類選考
（7月中旬頃）

過去1年以内にオンライン
テストや面接試験で不合格
となった人は選考に参加す
ることはできない。

POINT

選考は
部門ごとに
行われる

当スケジュールは、P&Gジャパン合同会社
の採用に関するもの。ほかのグループ会社
の採用スケジュール、選考過程などは、グ
ループ会社ごとに異なる。

インターンの魅力

実際の業務に挑戦し、さまざまな力を伸ばせる

　実際に新入社員が担当している業務に挑戦できるインターンを実施しています。例
えば2023年度の実施例では、営業部では3日ほど、生産統括部では1週間ほどと、実
施時期・期間・テーマは各部門により異なります。立場や意見の違う人とのコミュニ
ケーション能力、プロジェクトやチームを率いるリーダーシップ、さまざまなメンバー
で物事を進めるチームワーク力を身につけることができます。

過去の新卒採用のスケジュールを参考に、
就活計画を立てましょう。

2023年
10月

面接（複数回実施）
（7月下旬〜）

インターン
（9月中旬〜）

インターンの期間は、3日
〜2週間と部署によって異
なる。1〜2週間のインター
ンを行う部署は、業務につ
いての知識や会社について
の理解のための時間を設け
ている。

内定
（10月上旬〜）

※上記は過去のスケジュールです。選考方法、開始日などは
最新の情報を同社ホームページで確認してください。

求める人材像

自分のもつ能力を発揮して課題に対峙する力

　自身の強みを最大限に発揮して、周りを巻き込みながらビジネスや組織を構築でき
る人材を求めています。具体的には、絶えず革新や改善を提案しながら、高い目標に
向かってビジネスを推進していく力、自分がしたいこと、すべきだと思ったことをほか
の人を巻き込んで実現に導く力、ビジネスを成功へと導くことへの強い情熱、逆境のな
かでもあきらめず、より難しい課題に取り組み解決へと導く力を重視しています。

＼ 日本を代表するテーマパークを運営 ／

ユー・エス・ジェイ

大阪市にあるテーマパーク「ユニバーサル・スタジオ・ジャパン」を運営している**ユー・エス・ジェイ**。業界専門機関の調査では、2022年には年間の入場者数が日本最大に。世界でも第3位の集客力を誇っています。

USJを理解するための3つのポイント

Point
① ‥‥ 世界有数のメディアグループの一員

NBCユニバーサル（世界最大規模の複合メディア企業、コムキャスト傘下）のテーマパーク部門の一翼を担っているユー・エス・ジェイ。世界有数のエンターテインメント企業グループの一員として、日本でのテーマパークビジネスを展開しています。

Point
② ‥‥ 超一流の「ブランド経営者」へ成長できる環境

ユー・エス・ジェイのマーケティング本部では新卒1年目からブランディングや戦略策定、プロダクト・広告開発などの業務を任されます。自ら考えた戦略や企画が社会的、経済的にどのようなインパクトを日本と地域社会にもたらすのかを経験していくことで、ブランド経営の本質を知り、成長していくことができます。

Point
③ ‥‥ 国内有数の高いブランド力

ブランド・スローガン「NO LIMIT！」のもとに新たなブランド戦略を展開しており、2023年にはブランド価値評価プロジェクト「ブランド・ジャパン 2023」（日経BPコンサルティング）の一般生活者編で1位を獲得。このブランド力の高さがユー・エス・ジェイの強みです。

会社名	合同会社ユー・エス・ジェイ	
本社所在地	大阪府大阪市此花区桜島2-1-33	
代表者名	J. L. ボニエ	
資本金	国内	50億円
沿革	1994年	大規模テーマパークの開発・建設のための企画および調査などを目的として、大阪市港区に大阪ユニバーサル企画株式会社を設立
	2015年	コムキャストNBCユニバーサルが出資
	2001年	テーマパーク「ユニバーサル・スタジオ・ジャパン」開業
	2018年	社名を合同会社ユー・エス・ジェイへ変更
事業内容	テーマパーク「ユニバーサル・スタジオ・ジャパン」の運営・企画、および関連事業。ハリウッド映画の世界を体験できるテーマパークとして開園し、現在は日本のアニメとのコラボイベントも展開している	
売上高	国内	非公開
従業員数	国内	1万4663人（社員：2857人、アルバイト：1万1806人）※2023年12月31日時点
拠点数	グローバル	5拠点（ユニバーサル・スタジオ・テーマパーク）
	国内	1拠点

採用ページ（2024年2月時点）

STEP1

スマートフォンなどで下記のQRコードを読み取ると、同社の採用ページにアクセスします。

STEP2

採用ページにアクセスしたら、エントリーに進めます。

Chapter. 3

外資系人気企業の最新採用情報

227

毎日が「学園祭の熱狂」のような仕事

合同会社ユー・エス・ジェイ
マーケティング本部
浅井行代さん

国際基督教大学教養学部卒。2018年にUSJに入社。2020年よりインテグ
レーテッド・マーケティング部を統括し、ビジネスおよびプロダクト戦略、
メディア戦略などを担う。2023年、マーケティング本部副本部長に就任。

——どのようなキャリアを経てUSJに入社したのですか。

浅井　新卒では日系の化粧品会社に入社して、営業とマーケティング、
アメリカでの駐在員を経験し、その後、貿易にかかわる独立行政法人で
の研究員を経て、グローバル企業にて消費財のマーケティングを担当し
ました。USJに入社したのは2018年です。
　さまざまな職を経験してきたわけですが、一貫していたのは**「女性も**
活躍できる」という点で職場を選択してきたこと。しかし40代後半、キャ
リアの終盤にさしかかり、「自分の生きた証を残したい」「社会に貢献し
たい」という気持ちも強くなってきました。そうしたなかで、日本がい
まだに首都にインフラが集中する、途上国モデルのままで発展を続けて
いることに目が行きはじめ、私の地元である関西を盛り上げたいと願う
ようになったんです。関西圏を経済発展させるには「観光」がキーワー
ドになると考え、**「生きた証」「社会貢献」と「観光」というテーマに絞**
り込んで、USJこそが次の働く場所だと確信し、入社を決めました。

——現在の仕事内容を教えてください。

浅井　年間5つあるシーズンごとの集客・ビジネス戦略とともに、各シー
ズンに開催するイベントの戦略立案やブランドキャンペーンをはじめと
したコミュニケーション戦略の立案、PRやデジタルマーケティングと
いったさまざまな施策の立案、メディアプラン戦略の立案など、広い領

域にてEnd to End（プロジェクトの始まりから終わりまで）のマーケティングを統括しています。通勤の際、**JRゆめ咲線に乗ると毎朝ゲストのみなさまのワクワクした表情を見たり、声を聞いたりすることができます。その期待に応えられる立場にいることにとてもやりがいを感じますし、**私にとって通勤時間は大好きな時間のひとつですね。

——USJで仕事をすることの醍醐味を教えてください。

浅井　一般に、外資系でEnd to Endのマーケティングができる会社はとても少ないと思います。USJでもアトラクションやエリアのマーケティングはグローバルプロジェクトであることが多いですが、シーズンごとのイベントやコラボイベントは、End to Endでマーケティングを行えます。このように**グローバルな仕事としてのスケールメリットを享受しつつ、企画によってはローカライズして日本のゲストに寄り添ったマーケティングができる**というのがUSJでの仕事の特徴であり、醍醐味だと思います。

——USJで活躍している社員にはどんな人が多いですか。

浅井　エンターテインメント商材なのでゲストが一番大事なのですが、ゲストの行動や心情は数字だけでは把握しきれないこともあります。しかし、そこへ目を向けて、**ゲストの立場になってプロジェクトを推進していけるメンバーが多いです**。また、パークはいろいろな人の協力によって成り立つものなので、コラボレーション力がある人が多いですね。ポジティブでリーダーシップがある人が多く在籍し、活躍しています。

ユー・エス・ジェイを志す学生のみなさんへメッセージ

ユー・エス・ジェイのマーケティング本部では、ゲスト目線を大切にしながら、チーム一丸となって一から企画をつくり上げます。毎日、学園祭のような熱狂を感じられる、そんな凝縮された日々を一緒に楽しめる仲間と出会えることを楽しみにしています！

▶ 2023年（2025年卒対象）のマーケティング職のインターンシップエントリーから内々定までの流れ

2023年 5月	2023年 7月

**インターンシップ
エントリー**

（マイページ登録）

（5月〜6月）

※適性検査の受験が必要

書類選考

**サマー
インターン
シップ①
実施**

（7月）

（1Day program）

マーケティング職のインターンシップは2回実施される。1回目はマーケティングの基礎について学び、2回目は3日間でチームごとにビジネス提案を行う。

ユー・エス・ジェイのマーケティングを実践的に学ぶ

インパクト絶大なビジネスを動かすユー・エス・ジェイのマーケティング・メソッドを特別に伝授。経営層にビジネスを提案する実践的な内容で、トップスピードで成長するためのノウハウが学べるとともに、就活とキャリアに確実に役立つ戦略的思考が身につきます。

過去の新卒採用のスケジュールを参考に、
就活計画を立てましょう。

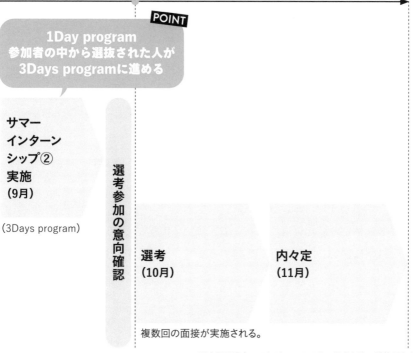

2023年
10月

POINT

**1Day program
参加者の中から選抜された人が
3Days programに進める**

サマー
インターン
シップ②
実施
(9月)

(3Days program)

選考参加の意向確認

選考
(10月)

内々定
(11月)

複数回の面接が実施される。

※上記は過去のスケジュールです。選考方法、開始日などは
最新の情報を同社ホームページで確認してください。

求める人材像

主体性をもってポジティブにアクションを起こす

　テーマパーク運営はひとつの街を運営するようなものなので、主に戦略性やリーダーシップを発揮できる人を求めています。結果を最大化するために最も効率的な指針を出しつつ、周囲の協力や信頼を得ながらポジティブにチームを巻き込める方、さらに自らアクションを起こせる方が活躍できると考えています。

＼ 世 界 有 数 の 一 般 消 費 財 メ ー カ ー ／

ユニリーバ

400のブランドをもつ世界有数の一般消費財メーカー

　Dove、LUXなどのブランドで日本でも高い認知度を誇るユニリーバは、英国に本拠を置く世界有数の一般消費財メーカーです。第二次世界大戦後から積極的な海外進出に乗り出し、現在では世界190カ国以上に拠点を擁しています。日本支社の設立は1964年。日本ではヘアケアやトイレタリー用品のイメージがありますが、食品や薬品も生産販売しています。紅茶のリプトンやスープで有名なクノール、軟膏のヴァセリンも同社の傘下にあるブランドで、その数は400におよびます。

　マイノリティの権利尊重に敏感な多国籍企業のなかでも、比較的早い段階からLGBTQ+に配慮した社内体制を整えるなど多様性を尊重しています。

14ブランドが世界トップ50にランクイン

　世界全体で実に400以上ものブランドを保有し、うち14ブランドがカンター・ジャパン（市場調査会社）が選出する「世界のトップブランド50」にランクイン。そしてこの14ブランドだけで年間売上が10億ユーロ（約1600億円）以上と、付加価値の高い商品を複数もっています。

　また、グローバルの年間売上は600億ユーロ（約9.6兆円）前後と、世界有数の売上規模を誇ります。世界の特定地域に偏ることなく、EU圏・北南米圏、アジア・オセアニア圏を中心に、バランスよく売上をあげていることも特徴のひとつです。

会社名	ユニリーバ・ジャパン株式会社	
本社所在地	東京都目黒区上目黒2-1-1 中目黒GTタワー	
代表者名	ジョイ・ホー	
資本金	国内	非公開
沿革	1964年　ユニリーバと豊年製油株式会社の合弁で、豊年リーバ株式会社を設立 1977年　社名を豊年リーバ株式会社から日本リーバ・インダストリーズ株式会社へと変更し、ユニリーバの子会社となる 2005年　日本リーバ株式会社からユニリーバ・ジャパン株式会社に、ビー・ビー・エルジャパン株式会社をユニリーバ・ジャパン・ビバレッジ株式会社にそれぞれ社名変更	
事業内容	シャンプー、整髪料、養毛料など頭髪用化粧品をはじめとしたパーソナルケア、ホームケアの製品製造、品質管理および品質保証。世界で400を超えるブランドを有する	
売上高	グローバル	601億ユーロ（2022年）
	国内	非公開
従業員数	グローバル	約12万7000人（2022年）
	国内	約500人（2021年9月現在、グループ会社含む）
拠点数	グローバル	約190カ国
	国内	3拠点

採用ページ（2024年2月時点）

STEP1

スマートフォンなどで下記のQRコードを読み取ると、同社の採用ページにアクセスします。

STEP2

採用ページにアクセスしたら、エントリーに進めます。

＼ 世界最大の化粧品会社 ／

日本ロレアル

世界的ブランドを多く抱える世界最大の化粧品会社

　フランス・クリシーに本拠を置くロレアルは、世界最大の化粧品会社です。設立は1909年と、現存する化粧品会社のなかでは有数の歴史を誇り、設立の翌年にはイタリア、そして米国に進出するなど、拡大を続けています。「世界をつき動かす美の創造」「Beauty for all＝美をすべての人生に」を社是に掲げ、傘下にはイヴ・サンローランやシュウ ウエムラ、ランコムなど、世界的なブランドを多く抱えています。

　日本では、1963年に国内の化粧品メーカーと提携し、サロン向けの製品の開発がスタート。1976年から個人向け商品の販売を開始しました。その後は東京に研究開発施設を開設したり、国内製造工場を建設したりするなどを経て、1996年に日本ロレアルが正式に設立されました。

　ナノバイオテクノロジー（原子・分子レベルでの遺伝子工学や細胞工学）の分野では世界最先端の研究をしている企業でもあります。

2023年上半期は、グローバルで過去最高の売上を記録

　グローバルでは、成長著しいBRICS諸国の旺盛な購買意欲を追い風に、順調に業績を伸ばしています。2023年1月〜6月期はコンシューマ事業が好調だったこともあって売上は205億7000万ユーロ（約3.1兆円）。これは同社にとって過去最高の数字です。

　持続可能な美容体験を提供し続けられるように、2024年に入り、環境スタートアップ企業を買収するなど、CSRのための取り組みにも熱心です。

会社名	日本ロレアル株式会社	
本社所在地	東京都新宿区西新宿3-7-1 新宿パークタワー16階	
代表者名	ジャン-ピエール・シャリトン	
資本金	国内	非公開
沿革	1909年　後のロレアルの原型となるフランス無害染毛株式会社を設立 1963年　株式会社小林コーセー（現：株式会社コーセー）と提携し、サロン事業部を立ち上げ、日本で事業を開始 2004年　日本ロレアルが「シュウ ウエムラ」の株式を100％取得。ロレアルグループ傘下のブランドに加わる	
事業内容	化粧品の輸入・製造・販売およびマーケティング。シュウ ウエムラ、イヴ・サンローラン、メイベリンなど多様なブランドを通じ、高品質な製品とサービスを提供	
売上高	グローバル	383億ユーロ（2022年）
	国内	非公開
従業員数	グローバル	8万8000人
	国内	2491人（2020年）
拠点数	グローバル	150カ国
	国内	3拠点

採用ページ（2024年2月時点）

(STEP1)

スマートフォンなどで下記のQRコードを読み取ると、同社の採用ページにアクセスします。

(STEP2)

採用ページにアクセスしたら、エントリーに進めます。

英語面接ではどのような
準備が必要か

外資系企業で求められる英語力とは

外資系企業の新卒採用において、語学力（英語力）がどの程度必要となるのか、気になる人も多いでしょう。入社後に英語を使う機会は多いですが、選考を受ける際に必ずしも高い語学力が必要というわけではありません。むしろ、実際のビジネスシーンで活躍できるように、入社後も語学力を高めていく姿勢が求められます。

もちろん、語学力だけでなく、ベースとなる論理的思考力やコミュニケーション力も求められるため、本書のChapter.4で対策方法を学びましょう。

自信をもって伝えることが英語面接では重要

外資系企業の選考においては、英語での面接が実施されるケースもあります。

もちろん、あらかじめ「英語面接」であることが知らされることもありますが、面接の途中で「ここから英語で話してみましょう」といった形で始まるケースもあります。

質問される内容は、志望動機や取り組んでみたいことなど、面接で一般的に聞かれる内容の場合が多いです。

ただし、当然ながら「英語で話せたからOK」というわけではなく、どのような内容を、どのように表現するかが問われます。日本語で行われる面接が日本語が堪能かのみを見ているわけではないように、英語で自信をもって説得力がある話ができるのかが問われます。通常の面接と同様に、想定される問いに対して、どのように回答するか、英語で準備しておきましょう。

内定獲得のための
おすすめ書籍18冊

外資系企業の選考で求められるスキルと、おすすめの書籍を紹介します。就活だけでなく、実際のビジネスシーンにおいても非常に重要なスキルとなるため、この機会にしっかりと身につけましょう。

外資系企業の選考突破

内定獲得に必須の
6大スキル

外資系企業の選考で求められるスキル

　外資系企業と日系企業では、選考において求められるスキルの種類と水準が異なります。外資系企業では、特に物事を多面的に考えて構造的に整理し判断できるかを問う「論理的思考力」や、問題を考察し本質的課題を特定して有効な解決策を導き出す「問題解決力」、相手と適切にコミュニケーションを取り相手を動かす「コミュニケーション力」がより高い水準で求められます。

実力養成の3大スキル

①論理的思考力

物事を要素分解して多面的に考え、構造的に整理し、必要なアウトプットを出すスキル

②問題解決力

複雑な問題に対して、仮説思考と論点思考を駆使し、本質的な課題発見や解決策立案をするスキル

③コミュニケーション力

相手と適切にコミュニケーションし、短時間で相手に必要なアクションを取ってもらうスキル

　すべての選考プロセスにおいてこの３つのスキルが問われていると言っても過言ではありません。それに加えて、外資系企業の選考に多いケース面接では、GD（グループディスカッション）力、フェルミ推定力、ケース面接力も鍛えておく必要があります。まずは自分に足りないスキルを明確にし、求められる水準まで高める努力をしましょう。

　本書では、「実力養成編」と「選考対策編」の２つに分けて、必要なスキルを向上させるのに役立つ書籍を18冊紹介しています。書籍ごとに、内容や身につけたいスキル、実際に内定が出た先輩の活用方法などをまとめています。

　この章で紹介するスキルは就活だけではなく、ビジネスパーソンとして身につけておきたいスキルでもあるので、その前提で自分に必要なスキルを就活中に高めていきましょう。

選考対策の３大スキル

①GD(グループディスカッション)力

どんなテーマ・メンバーで議論しても、議論を適切に推進し、必要なアウトプットを出すスキル

②フェルミ推定力

未知の数字に対して、常識・知識に基づいてロジックで計算し、納得感のある説明をするスキル

③ケース面接力

面接官が出題するケース課題に短時間で取り組み、その場で納得感のあるプレゼンをするスキル

実力養成編

実力養成のための
おすすめ書籍9冊

実力養成の3大スキル

　実力養成編で紹介している「論理的思考力」「問題解決力」「コミュニケーション力」は就職活動における選考はもちろん、入社後のビジネス現場でも欠かせないスキルです。相手により適切に物事を伝え、こちらの望むアクションをとってもらうためには、どう考え、どうまとめ、どう伝えればいいのか、基礎的な能力を身につけましょう。

論理的思考力

　論理的思考力とは、物事を要素分解して多面的に考え、構造的に整理し、必要なアウトプットを出すスキルです。ロジカルシンキング力とも呼ばれます。特に、ロジックツリーをつくる力や、物事を小さく分けて考える分解思考、具体と抽象の往復思考などが求められます。

問題解決力

　問題解決力とは、複雑な問題に対して、仮説思考と論点思考を駆使し、本質的な課題発見や解決策立案をするスキルです。仮説思考と論点思考で本質的な課題と解決策を考案できるかがポイントです。右脳と左脳を交互に使い分け、戦略的に問題解決することが求められます。

コミュニケーション力

　コミュニケーション力とは、相手と適切にコミュニケーションし、短時間で相手に必要なアクションを取ってもらうスキルです。どの順番で何を、どんな言葉を用いて、どんなプレゼンテーションパッケージで説明すべきかをその場その場で適切に選択して伝え、相手を動かす力が求められます。

①論理的思考力

『頭がいい人の思考術』
➡242ページ

『小さく分けて考える』
➡244ページ

『「具体⇄抽象」トレーニング』
➡246ページ

②問題解決力

『仮説思考』
➡248ページ

『論点思考』
➡250ページ

『戦略思考コンプリートブック』
➡252ページ

③コミュニケーション力

『一番伝わる説明の順番』
➡254ページ

『すごい言語化 』
➡256ページ

『外資系コンサルの
プレゼンテーション術』
➡258ページ

Chapter. 4 内定獲得のためのおすすめ書籍18冊

頭がいい人の思考術

日本一やさしいロジカルシンキング

ロジックツリーの使い方をマスターして、
物事を客観的に考えられる思考法を手に入れましょう。

著者名

伊庭正康

著者プロフィール

1991年、リクルートグループ入社。営業としては
致命的となる人見知りを、4万件を超える訪問活
動を通じ克服。プレイヤー部門とマネージャー部
門の両部門で年間全国トップ表彰を4回受賞、累
計表彰回数は40回以上。その後、営業部長、フロ
ムエーキャリアの代表取締役を歴任。2011年、株
式会社らしさラボを設立。営業リーダー、営業マ
ンのパフォーマンスを飛躍的に向上させるオリジ
ナルの手法（研修＋コーチング）がある。

発刊年／仕様／出版社

2023年7月発刊／ A5判・250ページ／ビジネス教育出版社

本書の構成

この本がオススメな理由

☑ 外資系企業の選考で求められる、問題解決に必要な「ロジカルシンキング」を学べる

☑ 「ロジックツリー」と「問題解決の3ステップ」に絞って丁寧に解説している

☑ 演習問題が豊富で、アウトプットを通じて実戦力を鍛えられる

この本で特に学んでほしい3つのポイント

① ロジカルシンキングの重要性を理解しよう！

非ロジカルな人はあらゆる物事に対し、自分の経験則などからしか発想しません。一方でロジカルな人は、「本当にそれだけなのか？」「ほかの方法はないか？」などと、多面的に考えて判断できます。まずは第1章でロジカルシンキングの重要性を学び、あらゆる要素から検討した上で、ベストな方法を考えられるようになりましょう。

② 3種類のロジックツリーに慣れよう！

ロジックツリーとは、「情報をモレなく、ダブりなく分解した階層構造」のことを指します。「要素分解ツリー（whatツリー）」「原因追求ツリー（whyツリー）」「イシューツリー（howツリー）」の3種類のロジックツリーがあるので、第2章と第3章でそれぞれの「使い分け」と「作り方」をマスターし、使いこなせるようになりましょう。

③ 問題解決の3ステップに慣れよう！

問題解決の3ステップとは、ステップ1「問題を特定する」→ステップ2「課題を特定する」→ステップ3「対策を考える」を経て、「ベストな策を考える」テクニックを指します。第4章の例題や第5章の総合演習を通じて問題解決の3ステップに慣れ、実戦で使いこなせるレベルを目指しましょう。

> 初心者にとって、これほどわかりやすく実用的なロジカルシンキング本を見たことがないです。

京都大学卒
外資系金融機関内定者

Chapter. 4

内定獲得のためのおすすめ書籍18冊

243

小さく分けて考える

「悩む時間」と「無駄な頑張り」を80％減らす分解思考

分解思考は物事を効率的に考えるための方法。
分解して考えることで解像度が上がり、伝わりやすくなります。

著者名

菅原健一

著者プロフィール

株式会社Moonshot代表取締役CEO。企業の10倍
成長のためのアドバイザー。社会や企業内に存在
する「難しい問題を解く」専門家。過去に取締役
CMOで参画した企業をKDDI子会社へ売却し、そ
のまま経営継続し売り上げを数百億規模へ成長。
スマートニュースを経て現職。20代のマーケター
600人が参加する#20代マーケピザ主催。

発刊年／仕様／出版社

2022年12月発刊／四六判・272ページ／SBクリエイティブ

本書の構成

- ☑ 外資系企業の選考で求められる、問題解決のための「分解思考」を学べる
- ☑ 「売上の分解」「期間の分解」「タスクの分解」「顧客の分解」などを、丁寧に解説している
- ☑ 演習問題が豊富で、アウトプットを通じて実戦力を鍛えられる

この本で特に学んでほしい3つのポイント

① 分解思考の重要性を理解しよう！

分解思考とは、文字通り「分けて考えること」を指します。分けて考えることで、解像度を上げたり、問題点を明確にしたり、本当に重要な課題を見つけたりすることができます。まずは第1章で分解思考の重要性を学び、「上手に分解するための6つのポイント」をマスターしましょう。

② 具体的なケースを通じて、分解思考に慣れよう！

本書の第4章では、目標達成、営業、マーケティング、スケジューリング、会議、提案、アイデア、チームマネジメントなど仕事で使えるさまざまな分解のケースが紹介されています。これらを活用し、特に「売上の分解」「期間の分解」「タスクの分解」「顧客の分解」などに慣れ、実戦で使いこなせるレベルを目指しましょう。

③ 分解思考で自分のキャリアを考えてみよう！

本書の第3章では、理想の自分を叶えるための「分解思考フローチャート」が紹介されており、5つのステップにそって進めていけば、解決策やゴールまでの道のりが自然に見えてくるようになっています。この分解思考フローチャートを活用して、実際に自分のキャリア戦略や就活戦略について、手を動かして考えてみましょう。

> ロジックツリーを活用する際に求められる分解思考について、さまざまなパターンを考えるトレーニングができる良書です。

京都大学卒
外資系金融機関内定者

「具体⇄抽象」トレーニング

思考力が飛躍的にアップする29問

トレーニング問題で「具体化⇔抽象化」の思考法が身につく！
就活だけでなく、普段のコミュニケーションでも役立つ思考法です。

著者名

細谷 功

著者プロフィール

ビジネスコンサルタント、著述家。1964年、神奈川県生まれ。東芝で技術者として勤務の後、アーンスト&ヤング、キャップジェミニなどでの欧米系コンサルティング経験を経て、2012年よりクニエコンサルティングフェローや企業などに対して講演やセミナーを実施している。

発刊年／仕様／出版社

2020年3月発刊／新書判・283ページ／PHP研究所

本書の構成

☑ 外資系企業の選考で求められる、問題解決のための「具体と抽象の往復思考」を学べる

☑ 「具体化」と「抽象化」の思考回路について、丁寧に解説している

☑ 演習問題が豊富で、アウトプットを通じて実戦力を鍛えられる

この本で特に学んでほしい3つのポイント

① 根本的な問題解決手法の重要性を理解しよう！

本書では、「具体→抽象→具体」という抽象化と具体化を組み合わせた「根本的な問題解決」の手法を解説しています。まずは現実の事象を具体的にとらえ、それを一度抽象化して根本的課題を追求したのちに、その解決策を実践に導くために再度具体化する思考法です。このような具体と抽象の往復による問題解決の重要性を、第1章で理解しましょう。

② 抽象化と具体化を理解しよう！

「抽象化」とは、問題解決の前半に必要な「根本的課題の追求」のための思考方法であり、「具体化」とは、問題解決の後半に必要な「解決策の絞り込み」のための思考方法です。本書の第3章で「抽象化」を、第4章で「具体化」を理解し、それぞれを自分の言葉で説明できるようになりましょう。

③ 具体と抽象の往復思考に慣れよう！

「具体と抽象の往復思考」は、正解が1つに定まらない問題に対して自分の頭で答えを出していく方法論であり、外資系企業の選考プロセスでもそのスキルが問われます。第5〜7章で「具体と抽象の往復思考」に慣れ、実戦で使えるレベルを目指しましょう。

> 言いたいことを抽象化して一言でまとめる力は選考で求められる最も大事な力の1つ。本書でその力が身につきます。

京都大学卒
外資系金融機関内定者

仮説思考

BCG流 問題発見・解決の発想法

仮説思考を身につけ、より効率的な考え方を習得しましょう。
考え方について自分の行動を見直すきっかけにもなる1冊です。

著者名

内田和成

著者プロフィール

早稲田大学名誉教授。東京大学工学部卒業後、日本航空入社。在職中に慶應義塾大学大学院経営管理研究科修了（MBA）。その後、ボストン・コンサルティング・グループ（BCG）入社。同社のパートナー、シニア・ヴァイス・プレジデントを経て、2000年から2004年までBCG日本代表を務める。2006年度には「世界の有力コンサルタント、トップ25人」に選出。

発刊年／仕様／出版社

2006年3月発刊／四六判・240ページ／東洋経済新報社

本書の構成

☑ 問題解決のスピードと質を高める「仮説思考」を学べる

☑ 「問題発見の仮説」と「問題解決の仮説」に分けて、仮説思考の使い方を解説している

☑ 「仮説思考力を高める方法論」を学べる

この本で特に学んでほしい3つのポイント

① 仮説思考の重要性を理解しよう!

ビジネスパーソンとしての成功に欠かせないスキルのひとつとして、「優れた仮説の構築とその検証能力」が挙げられます。仮説思考を高いレベルで身につけると、他人が情報を集めている段階で課題を深掘りしたり、課題の解決策構築ができるようになります。

② 問題発見の仮説と問題解決の仮説を区別しよう!

実際に問題を解決する場合、問題そのものを発見する「問題発見の仮説」と、明らかになった問題を解決する「問題解決の仮説」の2段階の仮説を使います。事例を通じて、「問題を絞り込む」→「具体的な打ち手の仮説を立てる」→「具体的な打ち手を絞り込む」というプロセスに慣れましょう。

③ 仮説思考力を高める方法論を知り、実践しよう!

最初から仮説思考が完璧にできる人はおらず、最初は「下手な鉄砲も数打てば当たる」で十分です。経験に裏打ちされた直感力を磨くために、「So What?を常に考えるトレーニング」と「"なぜ"を繰り返すトレーニング」を日常生活の中に取り入れ、仮説思考力を少しずつ高めていきましょう。

> 限られた情報のなかで当たりをつけ、筋のいい仮説を打ち出せるようになると、ライバル就活生に圧倒的な差をつけられます。

東京大学大学院卒
外資系コンサルティングファーム内定者

論点思考

BCG流 問題設定の技術

論点思考を理解すると問題解決の効率が上がります。
BCG流の問題解決に必要な思考法を学びましょう。

著者名

内田和成

著者プロフィール

早稲田大学名誉教授。東京大学工学部卒業後、日本航空入社。在職中に慶應義塾大学大学院経営管理研究科修了（MBA）。その後、ボストン・コンサルティング・グループ（BCG）入社。同社のパートナー、シニア・ヴァイス・プレジデントを経て、2000年から2004年までBCG日本代表を務める。2006年度には「世界の有力コンサルタント、トップ25人」に選出。

発刊年／仕様／出版社

2010年1月発刊／四六判・240ページ／東洋経済新報社

本書の構成

☑ 問題解決のカギを握る最上流工程である「論点設定」の方法を学べる

☑ ケースを通じて「論点思考」の流れをつかむことができる

☑ 「論点思考力を高める方法論」を学べる

①論点思考の重要性を理解しよう！

最初に行う論点設定を誤ると、以降、間違った問題に取り組むことになるので、どれだけ熱心に問題解決に取り組んでも結果にはつながりません。論点設定に戻ってやり直すことになってしまいます。この点を肝に銘じて、最初の論点設定を正しく行う力をつけましょう。

②論点思考の4つのステップに慣れよう！

論点思考を実践するためには、「①論点候補を拾い出す」「②論点を絞り込む」「③論点を確定する」「④全体像で確認する」の4ステップが重要です。このなかで、最も大切であり、どうしても省略できないのが「①論点候補を拾い出す」です。事例を通じて、「本当の論点が何か」を探る力を向上させましょう。

③論点思考力を高める方法論を知り、実践しよう！

ものを見る見方には、10パターンの切り口（視点）があります。まずは、この10パターンを手がかりに自分で論点設定できるようになりましょう。そして、常に「これは本当に今、必要とされている論点か」という問題意識をもちながら問題解決にあたれるようになりましょう。

> 仮説思考が縦の糸なら論点思考は横の糸。2つを組み合わせて使えるようになれば鬼に金棒だと思います。

京都大学卒
外資系金融機関内定者

戦略思考コンプリートブック
課題解決できる思考の「OS」教えます

さまざまな場面で必要になる課題解決力。
戦略思考特有の頭の使い方をマスターしましょう。

著者名

河瀬 誠

著者プロフィール

立命館大学・経営管理研究科（MBA）客員教授、
MK&Associates代表。東京大学工学部計数工学
科卒業。ボストン大学経営大学院理学修士および
経営学修士（MBA）修了。A.T.カーニーにて金融・
通信業界のコンサルティングを担当後、ソフトバ
ンク・グループにて新規事業開発を担当。コンサ
ルティング会社ICMGを経て現職。

発刊年／仕様／出版社

2003年7月発刊／A5判・312ページ／日本実業出版社

本書の構成

☑ 外資系企業の選考で求められる、問題解決に必要な「戦略思考」を学べる

☑ 「問題の本質の発見・分析」と「解決策の立案」に絞って、丁寧に解説している

☑ 演習問題が豊富で、アウトプットを通じて実戦力を鍛えられる

この本で特に学んでほしい３つのポイント

①問題解決に必要な戦略思考の重要性を理解しよう！

戦略思考とは、右脳の「創造力」と左脳の「論理力」をうまくコラボレートして、ベストな解決策を組み立てる思考方法です。正解がない問題に対して自分で答えを出せるようになるために、「思考のOS」として戦略思考をインストールしましょう。

②左脳と右脳の使い方に慣れよう！

第2章で、左脳でイシューツリーを組み立て、論点をロジックで構造化していく感覚をつかみましょう。次に第3章で、右脳で仮説の手がかりをつかむことに慣れていきます。戦略思考の付加価値は仮説で決まるので、右脳の豊かな創造力を最大限に働かせましょう。

③初期仮説をつくる7ステップに慣れよう！

初期仮説をつくる7ステップとは、ステップ1「課題の目的と動機の共有」→ステップ2「仮説の洗い出し」→ステップ3「課題の論点分解」→ステップ4「右脳と左脳の突き合わせ」→ステップ5「仮説とイシューツリーの見直し」→ステップ6「検討課題の洗い出し」→ステップ7「作業プランの作成」です。この7ステップが血肉になるように、しっかりとマスターしましょう。

> 実際にグループディスカッション
> やケース面接に挑む前の、基礎力
> 養成に最適な本だと思います。

京都大学卒
外資系金融機関内定者

一番伝わる説明の順番

戦略コンサルタントが教える相手の頭を整理しながら伝える技術

何を意識して話せば相手に伝わりやすいのかを学べる1冊。
相手に最も伝わる説明のスキルを習得できます。

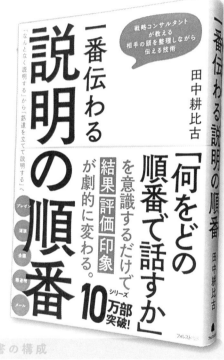

著者名

田中耕比古

著者プロフィール

株式会社ギックス取締役CMSO（Chief Marketing & Strategy Officer）。2000年、関西学院大学総合政策学部卒業。アクセンチュア株式会社、日本IBM株式会社を経て、2012年より現職。「考える総量の最大化」をビジョンに掲げ、製造、金融、医薬、通信、流通・小売などの多様な業界の事業戦略立案からSCM改革、業務改革、人材育成にいたるまで、幅広い領域で思考支援型のコンサルティングに従事。

発刊年／仕様／出版社

2018年6月発刊／B6判・256ページ／フォレスト出版

本書の構成

第1章　説明が下手な人は、何が間違っているのか
第2章　わかりやすい説明の順番
第3章　説明力を高める！「自分の思考」を整理するコツ
第4章　理解度が高まる！「相手の思考」を整理するコツ
第5章　印象に残る伝え方のコツ
第6章　説明力を磨く思考習慣&トレーニング

- ☑ コミュニケーション力の向上に必要な「説明の順番」を学べる
- ☑ 「自分主導の説明」と「相手主導の説明」に場面を分けて、丁寧に解説している
- ☑ 「説明力を磨くトレーニング」を通じて実戦力を鍛えられる

この本で特に学んでほしい3つのポイント

① 説明の順番 の重要性を理解しよう!

「何をどの順番で話すか」を意識するだけで、結果・評価・印象が劇的に変わります。まずは説明する相手の理解レベルを意識し、何を言いたいのかを決めてから話すようにしましょう。そして、相手の頭の中を整理しながらうまく伝えられる、説明上手な人を目指しましょう。

② 自分主導の説明 に慣れよう!

「自分主導の説明」とは、自分の主張や何かしらの結論がある場合に行う能動的な説明のことで、「ゼロから組み立てる説明」のことです。自分主導の説明をする場合は、第2章にある「①前提をそろえる」「②結論・主張・本質」「③根拠・理由・事実」「④補足情報」「⑤結論・相手に促したいアクション」の5つの流れをマスターしましょう。

③ 相手主導の説明 に慣れよう!

「相手主導の説明」とは、「相手の問いに答える説明」です。相手主導の説明をする場合は、第2章にある「①大きいポイント(幹)から小さいポイント(枝葉)の順番で説明する」「②相手が事実か解釈のどちらを知りたいか見極め、相手が聞きたいほうから話す」「③事実を話す際には客観的なものを選択する」の3つを押さえましょう。

> この本で学んだ後に、「1分で話せ」を読んで短く話す練習をしたら、面接でのコミュニケーションに相当自信がもてるようになりました。

国際基督教大学卒
外資系 IT 企業内定者

Chapter. 4

内定獲得のためのおすすめ書籍18冊

すごい言語化

「伝わる言葉」が一瞬でみつかる方法

**より相手に伝わる言葉の使い方、言葉にする方法を習得し、
面接やインターンでしっかり自分をアピールしましょう。**

著者名

木暮太一

著者プロフィール

作家・出版社経営者・言語化コンサルタント。中学2年生の時から、わかりにくいことをわかりやすい言葉に変換することに異常な執着を持つ。ビジネスでも「本人は伝えているつもりで、何も伝わっていない！」状況を多数目撃し、伝わらない言葉になってしまう真因と、どうすれば相手に伝わる言葉になるのかを研究し続けている。企業経営者向けのビジネス言語化、出版コンテンツの言語化コンサルティング実績は累計で1万件以上。

発刊年／仕様／出版社

2023年6月発刊／四六判・256ページ／ダイヤモンド社

「伝わる言葉」が一瞬でみつかる方法

すごい言語化

- 「なんて言ったらいいんだろう？」がなくなる
- 会議で「自分の言葉」で意見が言える
- 「仕事で評価」される
- 「あいまいな指示」がなくなる

著書累計
180万部突破！

Kogure Taichi

思考がパッと言葉になる！

ダイヤモンド社　木暮太一

本書の構成

☑ 選考で求められるコミュニケーション力の向上に必要な「言語化の方法」を学べる

☑ 「ビジネスの説明に必要な5段階項目」に焦点を当て、丁寧に解説している

☑ 「自分の感覚を言語化するトレーニング」を通じて実戦力を鍛えられる

この本で特に学んでほしい3つのポイント

① 言語化の重要性を理解しよう！

「どう表現するか」を考えるのではなく、「何を表現するか」を考えることが言語化です。言語化の最終ゴールは、自分が頭の中で描いているものと同じものを、相手が描けるような言葉にすることです。言語化するための基本法則と言える「PIDAの4法則」を学び、言語化の重要性を理解しましょう。

② ビジネスの説明に必要な5段階項目に慣れよう！

「①提供する価値の言語化」「②他社との差別化の言語化」「③自社の信頼性の言語化」「④価値が提供される理屈の言語化」「⑤相手に取ってもらいたい行動の言語化」。ビジネスで必要な要素は基本的にこの5つです。5つの言語化のステップを踏み、自分の頭の中で考えていることを相手に正しく伝られるようになりましょう。

③ 言葉の定義に慣れよう！

たとえば「魅力を伝える」「気持ちを整える」などは具体的に何を指しているかわからない言葉です。その原因は「①言葉の定義をしていない」「②示す範囲が広すぎる」「③比喩を使っている」に集約されます。まずは「言葉の定義」＝「必要条件をあげること」に慣れて、伝わる言葉でコミュニケーションできるようになりましょう。

> 「ビジネスの説明に必要な5段階項目」は目から鱗だった。ケース面接だけでなく、就活全般、ひいては入社後にも活かせる項目だと思います。

東京大学大学院卒
外資系コンサルティングファーム内定者

Chapter. 4 内定獲得のためのおすすめ書籍18冊

外資系コンサルの プレゼンテーション術

課題解決のための考え方&伝え方

**商談で必要な資料づくりと相手を動かすスキル。
プロのコンサルタントならではのプレゼンスキルを学びましょう。**

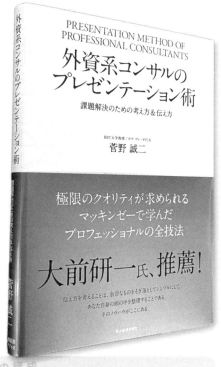

著者名

菅野誠二

著者プロフィール

ボナ・ヴィータ代表取締役、BBT大学教授（マーケティング）。早稲田大学法学部卒業、IMD経営学大学院MBA。ネスレ日本で営業、マーケティングを経験後、マッキンゼー・アンド・カンパニーにて経営コンサルタントに。ブエナビスタ（ディズニーのビデオ部門）のマーケティングディレクターを経て現職。

発刊年／仕様／出版社

2017年12月発刊／A5判・232ページ／東洋経済新報社

本書の構成

序　章　Set up—プレゼンテーションの種類から「やること」「優先順位」を決める
第1章　Why？—プレゼンテーションのゴールを確認する
第2章　What？—コミュニケーション戦略のストーリーを考える
第3章　How？−1—プレゼン資料作成の基本
第4章　How？−2—プレゼンの実演と準備のコツ

- ☑ 「プロフェッショナルとしてのプレゼンテーションスキル」を学べる
- ☑ 「Why－What－Howの構造でプレゼンテーションを設計する方法」を丁寧に解説している
- ☑ 「プレゼン実演と準備のコツ」で、ジョブやインターンでの実戦力を鍛えることができる

この本で特に学んでほしい3つのポイント

①プレゼンテーションのゴールの確認に慣れよう！

プレゼンテーションが「アイデアのプレゼント」とすれば、まずはクライアントが「何に困っているのか」「なぜそれをしなければいけないと思っているのか」を明確にしなければなりません。またプレゼンター自身も「なぜこのプレゼンをするのか」を問い、目的に応じたゴールを設計する必要があります。このゴールの確認に慣れましょう。

②コミュニケーション戦略のストーリー設計に慣れよう！

プレゼンテーションで成功するためには、いかに内容を戦略的に組み立て、何を伝えるかを極限まで研ぎ澄まして考える必要があります。ピラミッド構成や、3つの「論理の型」を使いこなしながら、よいプレゼンテーションストーリーを設計することに慣れましょう。

③プレゼン資料作成の基本をマスターしよう！

フォーマットを決め、メッセージをチャートにするプロセスに慣れましょう。その際に「テキストチャートをKISSで描くこと」や「ビジュアルチャートの3タイプ」「ビジュアルチャート化7つのヒント」を最大限に活用し、基本に忠実なプロの資料作成ができるようになりましょう。

> 「プロのプレゼンテーション」と「アマチュアのプレゼンテーション」の違いをこの1冊で学ぶことができ、とても収穫がありました。

東京大学大学院卒
外資系コンサルティングファーム内定者

03 選考対策編
選考対策のための
おすすめ書籍9冊

選考対策の3大スキル

　実力養成編の3大スキルを身につけたら、選考の実戦で使える形に磨いていきましょう。選考対策編では選考中の限られた時間内に優れたアウトプットを出すための下記に挙げる3大スキルを紹介しています。

GD(グループディスカッション)力

　GD力とは、どんなテーマ・メンバーで議論しても、議論を適切に推進し、必要なアウトプットを出すスキルです。メンバーの意見を適切にまとめながら、どのように議論を推進し、有効な結論を出していくのかという実践的な能力が求められます。

フェルミ推定力

　フェルミ推定力とは、未知の数字に対して、常識・知識にもとづいてロジックで計算し、納得感のある説明をするスキルです。代表的なお題として「日本における○○の数を推計せよ」といったものがあります。フェルミ推定においては、論理的思考力をフル活用しながら、思考の過程や結論を相手に適切に伝えていくことが特に求められます。

ケース面接力

　ケース面接力とは、面接官が出題するケース課題に短時間で取り組み、その場で納得感のあるプレゼンをするスキルです。実力養成編で身につけた力を総動員しながら、必要に応じて「フェルミ推定力」も発揮しつつ、短時間で面接官が納得できるアウトプットを出すことが求められます。

選考対策の３大スキル向上におすすめの９冊

①GD（グループディスカッション）力

『筋の良い仮説を生む
問題解決の「地図」と「武器」』
➡262ページ

『「ゴール仮説」から始める
問題解決アプローチ』
➡264ページ

『世界で一番やさしい
会議の教科書』
➡266ページ

②フェルミ推定力

『現役東大生が書いた 地頭を
鍛えるフェルミ推定ノート』
➡268ページ

『ロジカルシンキングを超える
戦略思考 フェルミ推定の技術』
➡270ページ

『「フェルミ推定」から始まる
問題解決の技術』
➡272ページ

③ケース面接力

『東大生が書いた 問題を解く
力を鍛えるケース問題ノート』
➡274ページ

『過去問で鍛える地頭力』
➡276ページ

『「暗記する」戦略思考』
➡278ページ

筋の良い仮説を生む
問題解決の「地図」と「武器」

問題解決の正しいステップを示してくれる1冊。
筋の良い仮説を出して、問題解決する方法を学びましょう。

著者名

高松康平

著者プロフィール

株式会社スキルベース代表取締役。慶應義塾大学経済学部卒業後、マッキンゼー・アンド・カンパニーに入社。その後、リクルートなどを経てビジネス・ブレークスルーにて執行役員に。10年間にわたり問題解決力トレーニング講座責任者を務め、年間登壇数No.1の研修講師として活躍。現在は独立し「考える力」の養成を中心にさまざまな教育コンテンツの企画開発から提供まで幅広く携わっている。

発刊年／仕様／出版社

2020年3月発刊／四六判・240ページ／朝日新聞出版

本書の構成

- ☑ グループディスカッション選考を勝ち抜くための「問題解決の正しいステップ」を学べる
- ☑ 「筋の良い仮説を構築する方法」を丁寧に解説している
- ☑ 「ケーススタディ」を通じて、ひとつながりのストーリーで問題解決を擬似体験できる

この本で特に学んでほしい3つのポイント

①現状分析→問題認識で現状理解に慣れよう！

現状分析では、「こだわりをもって分ける」という武器を獲得しましょう。分け方の筋の良し悪しを理解し、常にMECEを意識し、主語に合わせて切り口を変える訓練をしましょう。また、問題認識では、自分が本当に解決したいと思えるか、当事者の立場になりきれるか、あるべき姿を具体的に描けるかをチェックしながら進めましょう。

②情報収集→課題抽出で本質的課題発見に慣れよう！

情報収集では、「事業部長の視点で考える」という武器を獲得しましょう。自分の仕事や役割に固執せず、事業全体を俯瞰的に見渡し、筋のいい仮説を生み出す訓練をしましょう。また課題抽出では、「多くの情報をまとめる」という武器を獲得しましょう。フレームワークを意識し、表現方法を工夫して本質的課題をまとめていきましょう。

③方向性→アイデア創出→評価で解決策の決定に慣れよう！

方向性を示し、アイデアを出し、それを評価して解決策を決めていくプロセスで最も意識して訓練してほしいのが「評価」のパートです。評価では、「冷静に選ぶ」という武器を獲得しましょう。すなわち、判断軸をつくりアイデアを選ぶことに慣れましょう。そして問題解決のストーリーを描き、プレゼンのシミュレーションを行いましょう。

> 本書では「論理的思考力」と「問題解決力」と「コミュニケーション力」を総動員して1つのお題に取り組むことができ、課題解決型グループディスカッションの流れを確認できます。

京都大学卒
外資系金融機関内定者

「ゴール仮説」から始める問題解決アプローチ

**無駄な会議や不要な調査をなくすにはどうしたらよいのか。
「ゴール仮説」を設定して問題解決をする手順を習得しましょう。**

著者名

佐渡 誠

著者プロフィール

KPMGコンサルティング株式会社執行役員ビジネスイノベーションユニット統轄パートナー／人材開発本部統轄パートナー。慶應義塾大学卒。日系大手印刷会社を経て、1999年に外資系コンサルティングファームの戦略部門に入社。2014年、KPMGコンサルティングに参画。製造、小売、メディア通信業を中心に成長戦略・新規事業戦略策定や先進テクノロジーを活かしたイノベーション創出プロジェクトなどを多数支援。

発刊年／仕様／出版社

2018年10月発刊／四六判・224ページ／すばる舎

本書の構成

- ☑ グループディスカッション選考でライバルと差をつける「ゴール仮説から始める問題解決アプローチ」を学べる
- ☑ 「ゴール仮説構築の3つの要諦」を、丁寧に解説している
- ☑ 「複数のケース」を通じて、失敗と成功を分けた要因を学べる

①ゴール仮説と答えるべき問いを明確にする訓練をしよう!

議論の初期段階で議論終了後のあるべき姿、つまりゴール仮説の設定に徹底的にこだわりましょう。また、ゴール仮説を的外れにしないためには、議論の序盤で「真に答えるべき問題(問い)」がずれていないかをチェックする習慣をつけるようにしましょう。

②ゴール仮説の筋のよさを意識する訓練をしよう!

ゴール仮説を設定する時には、「何が問題なのか」「なぜそのような問題が生じているのか」「なぜ今までそれが解決されてこなかったのか」「今想定している解決策が本当にそれらの問題を解決できるのか」を追求する癖をつけましょう。そして、新規性があり、実現可能性も十分に備えている、筋のよいゴール仮説の設定にこだわりましょう。

③鳥の目、虫の目、魚の目で全体像を共有する訓練をしよう!

議論序盤のゴール仮説の設定時から議論終了まで、メンバー間で共通のイメージが瞬時に共有できるような「視覚化された検討の全体像や作業設計図」をもつようにしましょう。これにより、ゴール仮説を設定した当初に意図していたイメージがメンバー間で徐々にずれるのを防ぐように心がけましょう。

> この本で「筋のよいゴール仮説の設定力」を高めれば、GD選考のみならず、ジョブでも高評価を受けやすくなると思います。

東京大学大学院卒
外資系コンサルティングファーム内定者

世界で一番やさしい 会議の教科書

効率のよい会議進行(ファシリテーション)のテクニックを学び、
グループディスカッションのコツを習得しましょう。

著者名

榊巻 亮

著者プロフィール

ケンブリッジ・テクノロジー・パートナーズ代表
取締役社長。大学卒業後、大和ハウス工業に入
社。住宅の設計業務に従事すると同時に業務改善
活動に携わる。ケンブリッジ入社後は「現場を変
えられるコンサルタント」を目指し、金融・通信・
運送など幅広い業界で業務改革プロジェクトに参
画。新サービス立ち上げプロジェクトや、人材育
成を重視したプロジェクトなども数多く支援。

発刊年／仕様／出版社

2015年12月発刊／四六判・304ページ／日経BP

入社2年目の女子が
グダグダ会議を変える!

会議の背景
時間配分
終了条件

決定!!

世界で一番やさしい
会議の教科書
榊巻 亮

結論がでる　みんな納得
内職ゼロ　時間短縮

会議をうまく進める方法が
物語でカンタンにわかる!

日経BP社

本書の構成

- ☑ グループディスカッション（GD）選考を勝ち抜くための「ファシリテーションの方法論」を学べる
- ☑ 「会議の進行状況に応じたファシリテーターの役割」を、丁寧に解説している
- ☑ GD中に黙っている人に対する声掛けの仕方を学べる

この本で特に学んでほしい3つのポイント

①GD序盤に終了条件と進め方を合意することに慣れよう！

終了条件とは、GD終了時に何についてどこまで議論し、どんな結論を出せていないといけないかのことです。また、進め方とは、議論の項目と項目ごとの時間配分のことです。このいずれも、ディスカッションの序盤にメンバー間で大まかな合意をとり、都度、微修正しながら決めた通りに議論を進められるようになりましょう。

②GD中盤の発散と収束の議論の進め方に慣れよう！

ディスカッションは発散フェーズと収束フェーズの繰り返しで進行していきます。発散フェーズでは意見やアイデアを多く出して選択肢を広げていきましょう。逆に収束フェーズでは多くの選択肢のなかから、ある判断基準にもとづいて選択し、実行の優先順位をつけていきましょう。この発散と収束をファシリテートする訓練をしましょう。

③問題解決の5つの階層を意識しよう！

問題解決の5つの階層とは、「1.事象」「2.問題」「3.原因」「4.施策」「5.効果」のことで、今どの階層について話しているのかを注意深く観察し、メンバー間の認識がずれないようにすることが大切です。下の階層で意見が一致していないと、上の階層では絶対に意見が合わないと肝に銘じて、認識のすり合わせをするようにしましょう。

> この本の、特に課題解決型会議の進め方のパートの内容は、実際のGD選考にとても役に立ちました。ほかのパートもジョブやインターンでそのまま使える実践的な内容だと思います。

国際基督教大学卒
外資系IT企業内定者

Chapter. 4 内定獲得のためのおすすめ書籍18冊

現役東大生が書いた 地頭を鍛える フェルミ推定ノート

「6パターン、5ステップ」でどんな難問もスラスラ解ける！

実際に東大生が就活対策から見出したフェルミ推定の基本体系。
厳選された問題集で進め方に慣れましょう。

著者名

東大ケーススタディ研究会

著者プロフィール

2008年6月に戦略コンサル志望者を中心に活動開始。フェルミ推定やビジネスケースなどの幅広いケーススタディの研究、セミナー、および就活支援活動を行っている。

発刊年／仕様／出版社

2009年9月発刊／A5判・144ページ／東洋経済新報社

本書の構成

- ☑ 選考を勝ち抜くための「フェルミ推定の技術」を習得できる
- ☑ フェルミ推定の「問題6パターン」と「進め方5ステップ」を、丁寧に解説している
- ☑ 例題15題と練習問題15題を通じて、「フェルミ推定の実戦力」が身につく

この本で特に学んでほしい3つのポイント

①フェルミ推定の問題6パターンを理解し、慣れよう！

フェルミ推定の問題は、基本的には①「個人・世帯ベースでストックを求める問題」、②「法人ベースでストックを求める問題」、③「面積ベースでストックを求める問題」、④「ユニットベースでストックを求める問題」、⑤「マクロ売上を求める問題」、⑥「ミクロ売上を求める問題」の6パターンがあります。まずはこの問題6パターンに慣れましょう。

②フェルミ推定の進め方5ステップを理解し慣れよう！

フェルミ推定は、基本的には「1.前提確認」→「2.アプローチ設定」→「3.モデル化」→「4.計算実行」→「5.現実性検証」の5ステップで進めていきます。まずは、「日本に鞄はいくつあるか？」という問題を例に進め方5ステップを理解し、慣れましょう。

③30題の問題演習を通じて、問題×進め方に慣れよう！

フェルミ推定においては、ロジックが通っていることが最も重要であり、最終的に計算された数字と現実との適合性はそこまで重視されません。自身の解答と模範解答や解説を比較しながら、聞き手を説得するために必要な論理レベルを学んでいきましょう。

> この本1冊を徹底的にやり込めば、フェルミ推定で苦労することはなくなると言っても過言ではないと思います。最初の1冊として特におすすめです。

東京大学大学院卒
外資系コンサルティングファーム内定者

ロジカルシンキングを超える戦略思考 フェルミ推定の技術

戦略思考の原点、フェルミ推定の基礎を学べる1冊。
ビジネスに必要な最強の思考法を身につけましょう。

著者名

高松智史

著者プロフィール

一橋大学商学部卒。NTTデータ、BCG（ボスト
ン・コンサルティング・グループ）を経て「考え
るエンジン講座」を提供するKANATA設立。本講
座は法人でも人気を博しており、これまでアクセ
ンチュア、ミスミなどでの研修実績がある。BCG
では、主に「中期経営計画」「新規事業立案」「組
織・文化変革」などのコンサルティング業務に従
事。YouTube「考えるエンジンちゃんねる」の運
営者でもある。

発刊年／仕様／出版社

2021年8月発刊／A5判・324ページ／ソシム

本書の構成

この本がオススメな理由

☑ 選考を勝ち抜くための「フェルミ推定の方法論」を学べる

☑ フェルミ推定を、「1.因数分解」「2.値」「3.話し方」の3つの観点に分けて、丁寧に解説している

☑ 「フェルミ推定を実際のビジネスの場面で活用する方法」を学べる

この本で特に学んでほしい3つのポイント

①納得感のある因数分解をすることに慣れよう!

フェルミ推定は「未知の数字を、常識・知識を基に、ロジックで計算すること」です。またフェルミ推定の大事な初手である因数分解については、「分解する」というより、「目的地までの中継地点をつくる」というイメージをもちましょう。まずは市場規模推定を題材に因数分解のイメージを掴み、徐々に「納得感のある因数分解」に慣れましょう。

②プロフェッショナルな値の置き方に慣れよう!

フェルミ推定においては、「道中は完璧だけどまだ答えが出ていない状態」よりも「とりあえず答えはつくったけど全体的に不完全な状態」のほうが評価されます。つまり、「とりあえず(不完全でも)答えをつくる」ことにとても価値があります。ここではとりあえずの答えのつくり方=値の置き方に慣れましょう。

③相手を意識した話し方に慣れよう!

フェルミ推定は、相手に伝わらないと意味がありません。どれだけ因数分解や値の置き方が上手だったとしても、それを適切に相手に伝えられないと、価値は目減りしてしまいます。聞き手に「何を言ってるのかわからない」といわれることがないように、フェルミ推定のプロセスや結果を適切に伝えられるように訓練しましょう。

> フェルミ推定=「因数分解」+「値」+「話し方」という定義をこの本で学び、「因数分解」→「話し方」→「値」の順にトレーニングしていくことで、選考突破のための基礎力が身についたと思います。

慶応義塾大学卒
外資系金融機関内定者

「フェルミ推定」から始まる 問題解決の技術

「フェルミ推定の技術」の続編。
基礎を学んだら実践問題集で実際に使えるようになりましょう。

著者名

高松智史

著者プロフィール

一橋大学商学部卒。NTTデータ、BCG（ボストン・コンサルティング・グループ）を経て「考えるエンジン講座」を提供するKANATA設立。本講座は法人でも人気を博しており、これまでアクセンチュア、ミスミなどでの研修実績がある。BCGでは、主に「中期経営計画」「新規事業立案」「組織・文化変革」などのコンサルティング業務に従事。YouTube「考えるエンジンちゃんねる」の運営者でもある。

発刊年／仕様／出版社

2022年2月発刊／A5判・320ページ／ソシム

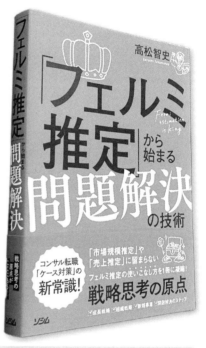

本書の構成

A面の前半　「フェルミ推定の技術」を磨く－まずは技術を磨かないと、何も始まらない!

A面の後半　「フェルミ推定の技術」をもっと磨く－さぁ、新境地。ビジネスの中で如何に使うか!

B面　　　　「フェルミ推定」×「問題解決」－新たな問題解決の思考法を貴方に!

- ☑ 選考を勝ち抜くための「フェルミ推定の実戦力」を養成できる
- ☑ 前半24題でケース面接などで求められる「フェルミ推定の技術」を丁寧に解説
- ☑ 後半7題では、ジョブやインターンシップで求められる「フェルミ推定のビジネスへの応用方法」を身につけることができる

この本で特に学んでほしい3つのポイント

①A面前半の12題を通じて数の推定の基本に慣れよう!

A面前半の「1.ボルダリングの市場規模」「2.DVDレンタルの市場規模」「3.大学の数」「4.表参道の美容院の売上」「5.サーフィンの市場規模」「6.スキーが趣味の人の数」「8.銭湯の市場規模」「9.高級鮨店の売上」「10.格闘技スクールの市場規模」「11.コロナ禍のディズニーランドの売上予測」などの推定で基礎力をつけましょう。

②A面後半の12題を通じて数の推定の応用に慣れよう!

A面後半の「1.ハウスクリーニングの市場規模」「2.スカッシュの市場規模」「3.B2Bドローンの数」「5.データサイエンティスト数」「6.有料動画配信の市場規模」「8.タクシー広告の価格」「9.マッチングアプリのデート数」「10.残りの人生で親と会える数」「11.スポーツジムの売上」などの推定で応用力をつけましょう。

③B面の7題を通じてフェルミ推定×問題解決に慣れよう!

B面の「1.DMMオンラインサロン成長戦略」「2.コロナ後のMR組織」「3.スタートアップの資金調達」「4.ソフトバンクの国内旅行市場への参入」「5.帝国ホテルの売上向上」「6.花屋チェーンの売上向上」「7.携帯保険の利益率向上戦略」考案でフェルミ推定を活用した問題解決力をつけましょう。

> この本に掲載されている合計31題に、紙とペンを用意して時間をかけて真剣に取り組むことで、選考前に相当の自信をつけることができました。

国際基督教大学卒
外資系IT企業内定者

東大生が書いた 問題を解く力を鍛える ケース問題ノート

50の厳選フレームワークで、どんな難問もスッキリ「地図化」！

ケース問題には正解がありません。
だからこそどんな問題にも対応できる思考法、OSを手に入れましょう。

著者名

東大ケーススタディ研究会

著者プロフィール

2008年6月に戦略コンサル志望者を中心に活動開始。フェルミ推定やビジネスケース等の幅広いケーススタディの研究、セミナー、および就活支援活動を行っている。

発刊年／仕様／出版社

2010年9月発刊／A5判・168ページ／東洋経済新報社

～東大生が書いた～
問題を解く力を鍛える
ケース問題ノート

50の厳選フレームワークで、
どんな難問もスッキリ「地図化」！

東大ケーススタディ研究会 著

大学生が3カ月で100万円貯めるには？
こんな突飛な質問から、試験、日常生活、ビジネスなど、あらゆる場面で一生使える最高の問題解決法とは……

シリーズ35万部

どんな問題も「3ジャンル、5ステップ」で解ける、
東大発、新思考システム！

東洋経済新報社

本書の構成

PART1　どんな問題もすらすら解ける！ 問題解決ケースの3ジャンル・5ステップ

PART2　9パターンのコア問題で、問題を解く力を効率的に鍛える！
Case問題解答＋9問でワンランク上の問題を解く力を身につける！

付録　厳選フレームワーク50／問題解決ケース210選

- ☑ ケース面接を勝ち抜くための「思考プロセス」を学べる
- ☑ ケース面接の「問題3ジャンル」と「進め方5ステップ」を丁寧に解説
- ☑ 「9パターンのコア問題&練習問題」を通じて、ケース面接の実戦力が身につく

この本で特に学んでほしい3つのポイント

①ケース面接の問題3ジャンルを理解し、慣れよう！

問題解決ケースの「問題3ジャンル」とは、「1.企業の利益目的ケース」(「マクドナルドの売上を上げるには?」など)、「2.政府や自治体、学校などの公益目的ケース」(「交通事故を減らすには?」など)、「3.日常の個人の意思決定ケース」(「睡眠を改善するには?」など)の3つです。まずはこの問題3ジャンルを理解し、慣れましょう。

②ケース面接の進め方5ステップを理解し、慣れよう！

問題解決ケースの「進め方5ステップ」とは、「1.前提確認」→「2.現状分析」→「3.ボトルネック特定」→「4.打ち手立案」→「5.打ち手評価」の順に思考していくことを指します。まずは「東京の朝の通勤ラッシュを軽減するには?」というケースを例に、進め方5ステップを理解し、慣れましょう。

③18題の問題演習を通じて、問題×進め方に慣れよう！

ケース面接においては、「思考の結果が構造的に整理されていること」や「主張のロジックが通っていること」が重要です。自身の解答と模範解答や解説を比較しながら、聞き手を説得するために必要な構造化レベルや論理レベルを学んでいきましょう。

この本はケース面接対策の最初の1冊としておすすめです。収録されているケース18題を実際に手を動かして解き、50の厳選フレームワークにも目を通して、慣れ親しんでおきましょう。

東京大学大学院卒
外資系コンサルティングファーム内定者

Chapter. 4 内定獲得のためのおすすめ書籍18冊

過去問で鍛える地頭力

外資系コンサルの面接試験問題

**実際の面接問題と現役コンサルタントの模範解答、ケース面接の疑似体験から
現役コンサルタントの思考プロセスを学びましょう。**

著者名

大石哲之

著者プロフィール

株式会社ティンバーラインパートナーズ代表取締役、All About「コンサルティング業界で働く」ガイド。慶應義塾大学環境情報学部卒業後、現在のアクセンチュアに入社。戦略グループのコンサルタントとしてプロジェクトに携わる。2004年に株式会社ティンバーラインパートナーズを設立。コンサルタントへの転職ポータル「コンサルタントナビ」を運営するほか、新規事業創造領域のコンサルティングを強みとする。

発刊年／仕様／出版社

2009年6月発刊／四六判・196ページ／東洋経済新報社

本書の構成

1　フェルミ推定系問題（「日本の電球の市場規模はどのくらいでしょうか？」「シカゴにピアノ調律師は何人くらいいますか？」「日本に温泉旅館は何軒くらいありますか？」「日本全国では犬は何匹くらいいるでしょうか？」ほか）

2　ビジネスケース系問題（「ロンドンオリンピックで日本のメダル数を増やすにはどうすればいいでしょうか？」「羽田空港の利用者数を増やすにはどうすればいいでしょうか？」「おしぼり会社の社長からおしぼりの売上げを伸ばしたいと相談されました。どのようにするのがいいでしょうか？」「読売新聞の売上げを増やすためにはどうすればいいでしょうか？」ほか）

☑ ケース面接を勝ち抜くための「地頭力」を強化できる

☑ 「過去問」と「コンサルタントの模範解答」から学べる

☑ フェルミ推定系10題とビジネスケース系10題を通じて、「ケース面接の実戦力」が身につく

この本で特に学んでほしい3つのポイント

①フェルミ推定系問題を通じて数の推定に慣れよう!

フェルミ推定問題とは、未知の数字を論理と常識をよりどころに推定する問題です。全体的な視点をもって、枝葉末節にとらわれず、本質的なメカニズムを論理立てて考える必要があります。この本で要素の分解の仕方のセンスや、論理展開の妥当性、頭の回転の速さなどを向上させていきましょう。

②ビジネスシーンでの問題解決に慣れよう!

ビジネスケース系問題とは、ごく単純化されたビジネスシチュエーションを使い、問題解決能力を測る問題です。体系立てて、論理的に問題にアプローチできるかが問われます。ロジックツリーをつくり、論点を明らかにして、分析を加え、結論を導くという段取りで思考する力を向上させましょう。

③紹介されている13冊を読んで地頭力を強化しよう!

戦略コンサルタントに求められる頭のよさとは、自分が経験したことのない問題が与えられても、客観的に物事を整理し、本質的な問題を捉えて、分析を加えられることです。こうしたコンサルタント的思考法を学び、より鍛え、より向上させるための参考書籍が巻末に紹介されているので、これらも読んで地頭力を鍛えましょう。

ケース面接の擬似体験ができ、とてもためになりました。やはりコンサルタントの思考プロセスから学べるものは多かったです。

東京大学大学院卒
外資系コンサルティングファーム内定者

Chapter.4　内定獲得のためのおすすめ書籍18冊

「暗記する」戦略思考

「唱えるだけで」深く、面白い「解」を作り出す破壊的なコンサル思考

戦略思考が使えるようになる「暗記する」講義。
まずは暗記して思考の引き出しを増やしましょう。

著者名

高松智史

著者プロフィール

一橋大学商学部卒。NTTデータ、BCG（ボスト
ン・コンサルティング・グループ）を経て「考え
るエンジン講座」を提供するKANATA設立。本講
座は法人でも人気を博しており、これまでアクセ
ンチュア、ミスミなどでの研修実績がある。BCG
では、主に「中期経営計画」「新規事業立案」「組
織・文化変革」などのコンサルティング業務に従
事。YouTube「考えるエンジンちゃんねる」の運
営者でもある。

発刊年／仕様／出版社

2023年7月発刊／A5判・296ページ／かんき出版

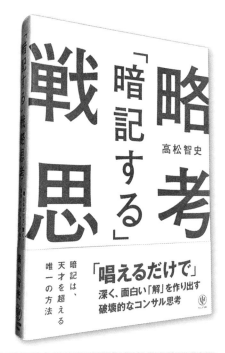

本書の構成

☑ ケース面接を勝ち抜くための「12の戦略スウィッチ」を習得できる

☑ 「講義」で理解した内容を、「12の戦略スウィッチ」として暗記できる

☑ 「○○っぽく考えてみると」といういい癖が身につき、自身の思考に幅が出る

① 12の戦略講義を通じて戦略思考に慣れよう!

第1章では、「戦略思考」をフル活用し、それぞれの問題の解き方を「一連の流れ」として実況中継しながら解説しています。ここでは「戦略思考って、こういうアタマの使い方なんだ!」という思考の流れを感じましょう。また、その中で、アタマの使い方、のちに「戦略スウィッチ」と呼ばれるスキルを感じましょう。

② スウィッチ化を通じて○○っぽく考えよう!

第2章では、第1章で扱った「12の戦略スウィッチ」をスキル化していきます。つまり、「12の戦略スウィッチ」を、いつでもどこでも自由に取り出して使えるように暗記していきましょう。また、第3章では、これまでの内容を再整理し、「○○っぽく考える」習慣が身につくように準備していきましょう。

③ 1つのケースを通じて○○っぽく考えることに慣れよう!

第3章の後半では、1つのケースを通じて、「12の戦略スウィッチ」すべてを使う訓練をしましょう。具体的なケースを用意しているので、この具体例に戦略スウィッチをあてはめ、どう思考が深まるか、おもしろくなるか確認していきましょう。

> 「戦略的なものの見方、考え方を12パターン暗記して、実際にあてはめて使ってみる」という手法は斬新で、実際にやってみると効果抜群でした。思考の幅が広がるのでおすすめです。

慶應義塾大学卒
外資系金融機関内定者

Chapter. 4

内定獲得のためのおすすめ書籍18冊

メンターによる就活支援 「en-courage（エンカレッジ）」

就活に不安は付き物であり、一人で活動していて悩んでしまうことも少なくありません。そんなときは就活生向けのコミュニティやサービスを活用して、まわりからの支援を得ながら、戦略的に就活を進めていきましょう。

日本最大級のキャリア支援NPO法人en-courage

en-courage（エンカレッジ）とは、学生が中心となり運営されるキャリア支援NPO法人です。2025年卒の就活においては、8万人の就活生が利用しました。

各大学に支部が置かれており、2024年2月時点では全国47都道府県117の大学でキャリア支援を行う、国内最大のキャリア支援団体となっています。

en-courageでは、就活を終えた先輩（内定者）がメンターとなり、後輩の就活生を1対1で支援しています。

メンターが就活を徹底サポート

en-courageでは、メンターが定期的に面談を実施しています。その内容は、就活の進め方や自己分析から選考対策、学校生活の悩みまで、多岐にわたります。同じ大学に通い、就活を経験してきたメンターだからこそ、就活生に寄り添った支援が可能となります。

ほかにもen-courageではさまざまな就活イベントを開催しており、その数は年間で2000以上に上ります。企業の説明会や座談会はもちろん、グループディスカッションや面接の練習など実践的なコンテンツを用意しています。

en-courageでできること

Point① 全国の大学の就活性がメンターとともに就活

en-courageの支部の例（2023卒会員が100以上在籍している支部から抜粋）

関東エリア	学習院大学	北海道エリア	新潟大学
東京大学	国際基督教大学	北海道大学	
一橋大学	お茶の水女子大学	小樽商科大学	中国エリア
東京工業大学	津田塾大学	北海学園大学	広島大学
早稲田大学	日本大学		岡山大学
慶應義塾大学		東北エリア	
上智大学	関西エリア	東北大学	四国エリア
東京理科大学	京都大学	東北学院大学	愛媛大学
筑波大学	大阪大学		香川大学
横浜国立大学	神戸大学	東海エリア	
千葉大学	同志社大学	名古屋大学	九州エリア
明治大学	立命館大学	南山大学	九州大学
青山学院大学	関西学院大学	名古屋工業大学	長崎大学
立教大学	関西大学		
中央大学	京都産業大学	北陸エリア	
法政大学	近畿大学	金沢大学	

Point② メンターに相談して、就活の困りごとを解決

1 就活の進め方を教えてくれる ▶ **2** 企業の選び方や選考対策などの相談にのってもらえる ▶ **3** 各自の状況に合ったおすすめのイベントを教えてもらえる

メンターに相談する（無料）

STEP1

スマートフォンなどで下記のQRコードを読み取ると、en-courageのホームページにアクセスします。

STEP2

ホームページにアクセスしたら、会員登録ができます。

オンライン就活講座「Outstanding（アウトスタンディング）」

就活では、これまでの学生生活では学ぶ機会がなかった新たな知識やスキルが必要となります。プロから体系的に就活の方法論を学ぶことで、目指すべき企業の内定により近づくことができます。

日本最大級のオンライン就活LIVE講座

Outstanding（アウトスタンディング）とは、キャリア支援NPO法人encourageが運営する、日本最大級のオンライン就活LIVE講座です。

講座は全18講からなり、就活の全体像から選考対策まで、さまざまな課題を網羅しています。しかも、すべて無料で受講することができます。

過去に2000人以上の就活面談を実施してきた社会人プロ講師が講義を担当しており、豊富な経験をもとに作成された1000枚超のスライド（資料）とともに就活の方法論を学ぶことができます。

企業から受講生限定の特別オファーがもらえる

選考対策のコンテンツ以外にも、成長企業の役員や若手活躍社員を迎えた企業ケーススタディも実施しています。加えて、優秀な学生には企業からの特別オファーが届くなどの特典もあり、内定に結びつく実践的な講座といえるでしょう。

オンラインのため受講生は全国から集まりますが、その同期受講生とつながる機会も多く、切磋琢磨しながら就活力を高められます。2025年卒の受講者数は約2万人に及び、外資系企業をはじめ大手日系企業の内定実績も多数出ており、ハイレベルな就活仲間を見つけられるでしょう。

Outstandingで学べること（全18回の講座内容）

就活の全体像（ガイダンス編）

第1講　就活初期に「就活の全体像」を知り、就活を有利に進める

就活の始め方（分析編）

第2講　どの業界・企業でも使える「企業分析の10項目」を学ぶ
第3講　就活の選考突破で武器になる「プレゼン力」を鍛える
第4講　すべての自己分析の土台となる「自分史の作り方」を知る
第5講　選考で差別化できる「強いガクチカの作り方」を知る
第6講　先輩の「強いガクチカ」を見て、自分のガクチカを磨く
第7講　選考で差別化できる「強み・弱みの作り方」を知る
第8講　自分に合った企業を探す「就活の軸の作り方」を知る
第9講　「志望動機・キャリアビジョンの作り方」を知る

就活の進め方（選考対策編）

第10講　GD・ES・面接の「選考対策の土台作りの方法」を知る
第11講　「構造的アウトプットで勝ち抜くGDの進め方」を知る
第12講　「メンバーに左右されないGDの勝ち抜き方」を知る
第13講　人事の目線を理解して「落ちないESの書き方」を知る
第14講　就活生のES添削から「落ちないESの書き方」を知る
第15講　自己分析を「ES・面接で使える武器」にまとめ上げる
第16講　面接にいつも受かる人の「戦略的面接準備方法」を知る
第17講　面接力を劇的に向上させる「戦略的5つの観点」を知る
第18講　「講師陣によるリアル面接実演」から面接の極意を学ぶ

講座を受講する（無料）

STEP1

スマートフォンなどで下記のQRコードを読み取ると、Outstandingのホームページにアクセスします。

STEP2

ホームページで講座スケジュールなどを確認できます。

本書で外資就活の全体像を掴んだら、
すぐにエントリーや選考対策を始め、
短期間で「高速PDCA」を回していこう!

　就活の第一歩として、本書を手に取ってご一読いただき、ありがとうございます。

　本書を手に取っていただいた人の多くが、まさにこれから外資系企業の選考を突破すべく努力をしていこうという時期にいると思います。

　私から読者である就活生のみなさんに最後にお伝えしたいのは、「就活は短期間で素早くPDCAを回した者が勝つ」ということです。

　PDCAとはPLAN→DO→CHECK→ACTIONの頭文字を取った有名なフレームワークで、計画し、実行し、課題や改善点を見つけ出して、それを実行していくというプロセスを指します。

　大事なことは
　1．短期間で
　2．高速PDCAを回す
　という2点につきます。

　1点目の「期間」については、就活生の多くが「就活期間は1年間ある

から、１年間で成長できれば大丈夫だろう」と悠長に構えて就活を進めてしまいがちなのですが、**就活で突出した成果を出す就活生は短期決戦の覚悟をもって就活に臨んでいます。**

すなわち、就活を始めてすぐの３カ月間でどれだけ自分の就活力を上げられるかに心血を注ぎます。最初に一気に努力して必要なスキルを向上させ、あとは実力を発揮して多くの内定を獲得していくのです。

２点目の「高速PDCA」については、まずいきなり実戦に挑み、自分の実力を試してみるということが実は一番大切です。というのも、現時点の実力が正しく把握できていないと、あるべき姿（内定を数多く獲得しているときの到達点）と現状の差分を正確に把握できず、差分を埋めるための正しい努力ができないからです。

これは受験のときに、まずは志望校判定の模擬試験を受けて、合格に必要な学力と現時点の学力の差分を把握した経験と似ています。

そして、有効なPDCAを回し続けるためには、どの「観点」でどこまで「到達」している必要があるかを知ることも大切です。つまり観点別到達点の把握です。

例えば面接で常に合格する実力をつけるには、面接ではどの観点が見られていて、観点ごとにどこまで到達している必要があるかを正しく把握しておかなければなりません。

これは受験時の英語の勉強で、「単語（語彙）」「文法」「構文」「英文解釈」「長文読解」「英作文」など分野別に実力養成した経験と似ています。

短期間で素早くPDCAを回すために、本書の巻末でも紹介している無料の２大就活支援サービスをぜひ活用してください。

～無料で役立つ２大就活支援サービス～

１．メンターによる就活支援「en-courage（エンカレッジ）」
（https://app.en-courage.com/）
- ・25 卒就活生８万人以上の活用実績あり
- ・同じ大学の先輩に就活の相談相手になってほしい人におすすめ
- ・en-courage 会員限定の人気企業からの特別オファーがもらえる

２．オンライン LIVE 就活講座「Outstanding（アウトスタンディング）」
（https://outstanding.jp）
- ・25 卒就活生２万人以上の活用実績あり
- ・社会人プロ講師から就活の方法論についてレクチャーを受けたい人におすすめ
- ・アウトスタンディング受講生限定の人気企業からの特別オファーがもらえる

　私が主宰する「アウトスタンディング」では私に直接質問したり、就活の悩み相談をしたり、１on１の特別キャリアコンサルティング面談（これらはすべて無料）を受けたりすることも可能です。

　ぜひ、これらの無料で役立つ就活支援サービスを活用しながら、本書のChapter. 4 で紹介している18冊のおすすめ書籍を読破し、自分で心底納得できる企業の内定を掴んで、充実したファーストキャリアをスタートさせてください。

　著者プロフィールに私の X のアカウントのURLも載せていますので、「『外資系企業を目指す人のための内定ロードマップ』を読みました！」とダイレクトメッセージをいただけるとうれしいです。できるだけ個別に返信していこうと思います。

キャリア支援NPO法人エンカレッジ講師

林 晃佑

著者プロフィール

林 晃佑（はやし・こうすけ）

1982年、大阪生まれ。京都大学経済学部卒。株式会社リクルートに入社し、IT を活用した新規事業開発に従事した後、リクルートのグループ会社の代表取締役社長を歴任。その後、複数の事業会社の役員を経て、現在はキャリア支援 NPO法人エンカレッジで講師を務める。

エンカレッジでは「1人1人のキャリアを最優先に考えた就活の方法論を、わかりやすく伝えたい」というモットーのもと、毎年2万人以上の大学生の就活支援を行っている。著書に『図解 戦略就活メソッド』（日本実業出版社）がある。

X (@SS_method)

林さん｜アウトスタンディング講師

https://twitter.com/SS_method

人事・採用担当者に聞いた!!
外資系企業を目指す人のための内定ロードマップ 2026卒版

2024年3月19日　第1刷発行

著　者　　林 晃佑
発行者　　鈴木勝彦
発行所　　株式会社プレジデント社
　　　　　〒102-8641
　　　　　東京都千代田区平河町2-16-1
　　　　　平河町森タワー13階
　　　　　https://www.president.co.jp/
　　　　　電話 編集(03)3237-3732
　　　　　　　 販売(03)3237-3731

カバーデザイン／井上新八
編集協力／金丸信丈(株式会社ループスプロダクション)　大西 豊
本文デザイン／竹崎真弓(株式会社ループスプロダクション)
DTP／佐藤 修
イラスト／ひらのんさ

販　売　　桂木栄一　高橋 徹　川井田美景　森田 巌　末吉秀樹
編　集　　工藤隆宏
制　作　　関 結香
印刷・製本　中央精版印刷株式会社